生活勵志
068

青春，就該勇敢選擇

何權峰給學生9種轉變人生的抉擇能力

何權峰——著

高寶書版集團

〈序〉青春，就該勇敢選擇

當本書編輯芯葳告訴我，要為新書寫一篇序文，我的思緒立刻回到六年前，剛為國語日報寫「方向專欄」時。以培養「關鍵能力」為主軸的教育在各國掀起風潮，無論是正式教育或非正式教育系統，於是我開始思考：學生需要學習哪些關鍵能力？並整理出探索自我、獨立思考、面對逆境、自我控制、自我實現、情緒管理、與人連結、隨遇而安、感受幸福等九種。（已集結出版《放對地方，就是天才》）

構思這本書時，我同樣一再思考：青少年在面對人生各種課題、挑戰；在面對情緒、人際關係，需要培養什麼能力？什麼樣的能力，可以擁有快樂幸福，轉變人生？

我發覺當今教育最大的問題，是花孩子太多的時間，可是訓練出來的並不是未來需要的能力，許多人連自己有「抉擇的能力」都不自知。

有位畢業的學生，這十年來可說是一直都在原地踏步，他抑鬱寡歡。當我跟他談論到為何不選擇改變，去做自己想做的事，活出自己的人生時，「我沒得選擇，」他說：「哎呀，我的情況真的很糟，你無法想像我現在的處境。」

「不，你現在的生活就是自己選擇的。」我告訴他：「是你對於所處環境的想法讓自己抑鬱寡歡，是你的心態讓自己一蹶不振。」

人生最悲哀，莫過於「我沒得選擇」。這就如同一個人被關在某處，口袋裡雖然有鑰匙，卻不會用鑰匙開門，因為他不知道口袋裡放著鑰匙。

我們每一刻都在選擇自己的人生，即使不做選擇，也是一種選擇。人常常找出一堆藉口來解釋自己的無奈與無助：工作不順、境遇不佳、身體不適、遇人不淑、情況不對、運氣不好等等。但其實我們永遠都有選擇的自由。

我們可以自由選擇如何看待事情，可以選擇自己的表情和心情，可以選擇用不一樣的方式處理事情。

我們可以自由選擇如何對待別人，是要奚落別人，還是鼓勵別人？是要擺笑臉，還是臭臉？我們可以在愛與恨，原諒與報復之間做選擇。

我們可以自由選擇如何面對困境，可以選擇自怨自艾，封閉自我，也可以開放挑戰，學習成長；我們可以停滯不前，一蹶不振，也可以選擇振作起來，改頭換面。

人生最重要的，就是抉擇的能力。這也是本書的重點：任何時刻我們都在做選擇。我們需要明白的是，目前的人生即是自己選擇的結果。縱然，我們不能選擇發生在自己身上的事，但依然可以自由選擇面對事情的態度。

想起《哈利波特》裡有一句話：「決定我們成為什麼人的，不是我們的能力，而是我們的選擇。」

青春，就該勇敢選擇。無論你的境遇、你的能力如何，記住，決定你是什麼樣的人，是你的選擇。

CONTENTS

LESSON 4

想法　學習選擇自己的想法

LESSON 5

挑戰　學習選擇自己的挑戰

LESSON 6

習慣　學習選擇自己的習慣

CONTENTS

LESSON 1

情緒

學習選擇自己的情緒

笑看人生

你猶豫要對迎面而來的人做何表情？「到底要笑呢，還是不笑？」「如果笑了，對方卻板著臉，那不是很難堪嗎？」躊躇之間，對方早已擦身而過。其實對方笑不笑有什麼關係，因為那笑容是你的，快樂的人也是你，你有任何損失嗎？

我聽說在美國、日本這幾年還興起一種補習班，叫做「微笑補習班」，許多人還繳費去學習笑。想想，嬰兒出生後不久，無需任何教導，便會發笑；但當我們長大之後，反而「笑不出來」，這不是很好笑嗎？

有位令我印象深刻的「老病人」，臉上總帶著微笑，到病房來的護士也常被她逗笑。有一次我忍不住問她：「妳怎麼能常保微笑？」

聽了我的問題，她笑得更開了，她說：「當你到了我這般年紀，回顧過去，你會發現自己有太多時間都浪費在毫不要緊的事情上。現在我已經老了。我已知道，人生啊！活得快樂最要緊！」

會心一笑，就像是一位老人看著小孩嬉戲，無論小孩把自己的遊戲看得多認真，老人都會覺得有趣好玩，我們應該學習用同樣方式「笑看人生」。

微笑吧！德蕾莎修女鼓勵大家：「相視而笑，對妻子笑，對丈夫笑，對孩子們笑，彼此微笑，別管那是誰。因為小小笑容就能大大增進你們之間的感情。」

今天起，出門時，別忘了對迎面而來的人微笑。美好的一天，就從一個微笑開始。

何必選擇生氣？

你無意中聽到，朋友在背後說你壞話，你會怎麼樣？斥責他，罵他一頓？以牙還牙，散播對他不利的謠言？還是從此跟他斷交？

你跟朋友去賞花，突然下了場大雨淋成落湯雞，你會抱怨連連？或是敗興而歸？還是覺得雨天即景很有趣？

我想說的是：**在任何情況下，你都可以選擇。**

選擇用什麼觀點來了解；

選擇用什麼感覺來體會；

選擇用什麼態度來面對。

沒錯，下雨會影響賞花，但是老天下雨，你沒輒；你能夠掌控的，就是對下雨的反應——你可以欣賞雨天的美景，聽著窗外淅瀝淅瀝的雨聲，細細品讀一首詩，或是選擇生氣。

有人說了些傷害你的話，錯並不在你，但你一樣可以自己作主，對這個事情怎麼反應：憤怒、感情用事，或冷靜、大而化之。

多數人碰到類似情況，常覺得自己別無選擇，非發脾氣不可。然後事後可能感到懊惱，或找理由來解釋自己的行為。這就是沒有看見自己握有選擇權。只要藉著不同的回應方式「這個人確實無理，但我可以不理。」或者：「或許他太忙了，也許他心情不好。」選擇同情對方，這樣氣不就消了大半？

像這週末去吃西餐，孩子問我：為什麼上餐那麼慢卻不生氣？我笑說，我是來享受，又不是來生氣的。何況在等上菜的同時，可以看書報、打電話、聽音樂、欣賞周遭的風景，何必選擇生氣呢？

心的主人是自己

某某人讓我心煩。
是他讓我難過的。
要不是他對我做了這個那個，我也不會抓狂。
當你這麼說的時候，也就是把自己的心交給別人。
別人怎麼能讓你心煩、難過、甚至抓狂？難道他們把電腦連接到你的頭，然後把困擾下載到你的腦袋？就算他們真能做到，難道你不能不去點閱或關機嗎？

有個女孩說：「同學說的話，讓我很生氣」，我告訴她說：「是我接受同學說的話，所以很生氣。」這兩句是不一樣的，別人要說什麼，是他的事，至於接不接受，是你自己可以作主。

如果你為了別人的一句話就大發脾氣，或者飄飄欲仙，你的心其實是跟著別人的話走。把自己的快樂建立在別人隨口說的話上面，這等於把自己的「自主權」託付給他人。就像把電腦的滑鼠交到別人手上，他們隨意按哪個檔案和畫面，你的情緒就跟著牽動。你還怪罪他人：「我的不快樂都是某人造成的，他要為我的痛苦負責。」但事實上，這是「你自願」的，不是嗎？

有位哲學家說得好：「別人或外在的事物不會讓我們苦惱，我們相信別人可以帶給我們苦惱才是苦惱的根源。」

沒有人可以掌控我們的心，即使仇敵也辦不到。這點大家必須牢記，

如果你認為某人應該為你的感覺負責，表示你已經給予他掌控你的權力。

氣不過，過不去

因為那個人做出了讓你生氣的事情，所以你的怒火蓄勢待發。

「我氣不過！」你說。

我不是要你勉強嚥下這口氣，只是想提醒你，在發作之前，請先想清楚：你氣不過，是否跟自己「過不去」？

曾在美國的某雜誌上，讀到兩個盲人的故事。有一天有個盲眼的女人帶著一隻導盲犬嘗試要穿越街道。當她踏出人行道的時候，她撞上了一輛停在路口的汽車。「誰的車？」她叫道：「找個人來它拖走，沒有人注意到我是個瞎子嗎？」在她的怒吼聲中，另一個盲人拍拍她的手臂。「對不起，」他說：「我的狗和我很樂意帶你過馬路。」

這女人搖搖頭。「我要等到這輛車的主人回來為止，」她說：「我必須讓這個人知道他這樣做是錯的。」

這個人笑了笑：「我同意，他這樣是錯的。但是與其浪費妳的時間做些徒勞無功、無法改變的事情，何不與我一起安全地穿過街道？」

這就是跟自己「過不去」。如果你身上著火，最重要的是先讓身上的火熄滅，而不是追打縱火犯。如果只想去追打縱火犯，卻讓自己自焚，那就太不智了。

想想，你氣得想扛石頭去砸人，但必須一直扛著石頭的人是誰？

內有惡犬

你覺得奇怪，每次跟你打招呼的那個人，為什麼今天卻愛理不理？你不懂，也沒什麼事，為什麼他的口氣這麼差，還對你擺一張臭臉？你不解，又沒得罪那個人，他為什麼對你發那麼大的脾氣？

你不了解，當然會覺得奇怪。比方，當我們因頭痛而變得煩躁易怒，我們很容易了解自己的情緒是因頭痛而起；然而如果別人並不知道，他們無法感覺到我們的體驗，就會覺得奇怪：「為什麼他會這樣？」

我們對別人的評斷也一樣，由於我們無法感覺別人的體驗，所以我們會去評斷他們的言行。「他不應該亂發脾氣。」「一點小事，何必發那麼大的火。」我們只看到外在的言行，看不到對方內在的感受，就很難感同身受。這也是人們常誤解的原因。

很多時候，別人對我們沒有好臉色，對我們說話不客氣，可能是他遇到某些麻煩或是倒楣的事。我們都有過這種經驗，情緒不好的時候，即使是一點小事也會觸怒我們。

所以，如果有人給你擺臉色，真的不必太介意；他對你說話的口氣變差，說了一些觸怒你的話，也不必去當真。想像在這個人脖子上放一個牌子：「內有惡犬」。

那麼「狂吠亂咬」即是可以了解的，不是嗎？

有句法國的諺語說得對：「**了解一切，自然會寬容一切。**」當你了解每個人有著不同的經歷，是否能用更大的包容，是否能諒解別人所犯的錯誤呢？

情緒的主人

路上遇到一隻狗，牠在向你吠叫，你會有什麼反應？恐懼、驚嚇、憤怒、理都不理，還是走過去踢牠一腳？如果有人問你：「為什麼你會有這種反應？」通常你一定會認為，自己的反應是來自那隻狗，因為牠對你吠叫，但是如果進一步了解，你就發現那反應其實是來自你，因為其他人未必有跟你一樣的反應。

每當別人對你做了什麼事，比方說了些不中聽的話，你會認為錯的是他，你氣著說：「是他惹惱我，我才會生氣。」事實上這種說法是不對的。正確的說法是：「我覺得生氣，他或許並不想惹惱我，但是我被他所說的話惹惱了。」你的感受是主觀的。

責怪別人就像責怪病毒引發感冒一樣。醫生會告訴你，感冒的主要原因是病人的抵抗力降低。我們不可能把自己隔絕起來，不接觸使人惱怒的話語、態度和行為，正如我們躲不開病菌一樣。可是我們可以增強自己的抵抗力和自制力。

力量來自你知道自己擁有選擇的自由。你可以用一種負面或讓你感覺很糟的方式反應，或以慈悲和豁達開朗的方式去反應。別人對你的反應，也是由他們的內心決定的。你不需要改變別人，但你能改變你對他們的反應。

當你選擇以正面情緒去回應時，就不再隨人左右，也不必靠別人來帶給你快樂。你是自己情緒的主人。

微笑面對每一天

曾看到一個節目，是採訪美國影星凱文．科斯納，當主持人問他對自己生涯起落的感想時，他如此回答：「我在體驗人生。」

我覺得這回答頗有深意。本來人生就有起有落，到達峰頂時自然就會有往下走的一天；每一個看似低的起點，都是通往更高峰的必經之路。我們要做的只是去體驗，而不是判斷經歷的好壞或否定抱怨。

記得小時候玩過一種玩偶，叫做「不倒翁」。任憑你如何擺弄，他都不會傾倒；儘管你使力把他推倒，他馬上恢復原來的姿勢。

有時候我們會碰到一些人，我們看他很幸福，不知道他為什麼可以活得這麼美好，而心生嚮往。其實這份幸福往往是接受人生不完美所帶來的，就像「不倒翁」一樣：**把生命當成一支舞蹈，而不是摔跤。**

你可能不夠美麗，但你仍可表現亮麗；你可能沒達到第一志願，但你仍有許多可達成的心願；你可能買不起想要的車，但也別因此放棄你要前往的任何地方；你可能走錯了路，但你仍可以欣賞沿途的風景。

生命的每一個過程、每一個際遇，不可能都是美好經驗，但你可以讓經驗變美好。

不要把生命變成一個問題，生命是來豐富我們的。苦是美麗人生的一部分，樂也是美麗人生的一部分，為什麼要去取捨？哭也是一天，笑也是一天，為什麼不微笑去面對每一天？

快樂是一個選擇

生活中，您願意選擇快樂，還是痛苦呢？這樣一問，大概都會覺得多此一問，當然是快樂，誰會選擇痛苦？

然而，事實真是這樣嗎？我發現人們似乎對痛苦比較有興趣，人們可以為任何沒有意義的事：為了憤怒、為了嫉妒、為了每一個不幸，為了一點小磨擦而犧牲掉快樂，所以怎麼能說大家對快樂有興趣？

當我這麼說，總是會有人提出異議：「老師，你有所不知。如果你知道我的處境。如果你也遇到同樣的事，如果你有一個那樣的同學，就會理解我為什麼不快樂。」

我的回答通常會讓他們感到驚訝，我說：「不論什麼時候，如果你認為問題出在外在人事物，這個想法本身就有問題。」

有些人會不以為然：「你的意思是，這全是我自己的問題？」

其實，我想說的是：「不論生活有多不如意，別忘了你是自己的主人，沒有人可以決定你的思緒和情緒，你永遠都有選擇快樂的權利。」

有一句老生常談說：「你可以看到杯子裡只有半杯水，也可以看到杯子裡還有半杯水。」你可以專注在生命裡做錯的事，也可以專注在做對的事上；你可以看自己擁有的，或是看自己失去的。你可以對同學說句親切的話，或是擺張臭臉。你可以因玫瑰有刺而抱怨，也可以感謝刺帶有玫瑰花。

快樂是一個選擇。生活不會盡如人意，但如何看待卻能隨心所欲。

只有你可以令自己惱怒

當我和學生在一起的時候聽過無數被傷害或惹火的故事。
那個人真讓我抓狂。
他傷了我的心。
這事毀了我美好的一天。
要不是對方做了這個那個，我也不會⋯⋯
我們常有錯誤觀念：「我的難過是某人或某件事造成」，也正是這種想法，一再讓自己陷在負面情緒中，久久不能自拔。
要脫離負面情緒惡性循環只有一個辦法，那就是要明瞭並記住：你是自己腦中唯一的思考者，是你的想法造成你的痛苦。

以前，辦公室內有個EQ低的同事，常常把氣氛搞得烏煙瘴氣，有天我實在受不了，因為他未經同意就翻動我桌上的東西。

我去找他理論，沒想到，他反怪我小心眼，還雷霆大發地說，他懷疑我拿走他的東西。真是惡人先告狀。後來，我突然意識到，何必跟「這種人」一般見識呢？

這位同事的壞脾氣讓人不悅，但他沒發現：真正讓他每天不舒服的人，其實是自己。

這個世界能傷害我們的都不是外在的人事物，唯一能傷害我們的，是通過我們的內心起的作用。**你不可能因別人做了什麼而使你難過，除非你讓他影響你，而使自己感到難過。**你的難過是來自你自己的腦子，你個人對這件事情的詮釋和反應，而不是來自別人的言行。一旦明白這點，便知道繼續為你的想法生氣、苦惱或難過是很可笑的。

境由心生

一般人多半認為，自己在某一時刻的感受，取決於當下的處境。當事情順遂的時候感覺很好，不順的時候感覺很糟。為了讓自己心境愉悅，我們唯一要做的似乎就是去創造一個會令自己感到美好的外在環境。但事實並非如此。真正影響我們的並不是「外境」，而是我們的「心境」。

在我開車出門的路上，都會經過綠園道。有一天早晨，我經過綠園道時，剛好有一群人手裡提著鳥籠過馬路。我停下車，搖下車窗，欣賞著一隻隻迷人的綠色小鳥，牠們的羽毛在晨曦中熠熠生輝，還發出清脆悅耳的叫聲。我為自己的好運感到慶幸。

在旁邊車道，另外一輛車停了下來。車上的駕駛對這一列漫步的路人似乎並不是很高興。他很急躁，車子蓄勢往前。就在隊伍穿過馬路時，他就立刻踩下油門呼嘯而去了。

我想，真是有趣，我們兩個人都碰到了相同的情況，反應卻完全不同。可見，**感受不是來自外境，而是來自我們心境。**

或許，那個人真的有急事。但是在路上我們不也常會遇到一些路況，諸如危險的駕駛，不長眼的路人，當我們遇到這類情況，總以為發火有理。但為什麼有些人卻沒生氣？因為「境由心生」，對嗎？

想想看，某天你心情很好，走在路上，覺得景致美麗怡人；另一天心情不好，走在同一條路上，卻覺得不美，這美麗與不美，是外在的景致，還是來自你的內心？

心的世界

我們常形容風景很美，其實美的不是風景，而是我們的心情。

你是否注意到，到某地度假時，你會對別人熱情很多？你會對人微笑，你變得比較開朗、隨和；那是你在家時感覺不到的。你會以為那是因為風景帶給你的感受，但其實不是。因為住在風景區的當地居民卻未必有同樣的感覺。

你有沒有這樣經驗：置身在美麗的地方，跟喜歡的人在一起，卻因某些事不愉快？我想許多人都有這樣的經驗，這就證明快樂和痛苦並不是外在的環境。否則住在同一地區裡的每個人都應該同樣快樂，不是嗎？

有時候你覺得自己看起來很美，有時候覺得自己還可以，也有時候你覺得自己很糟。但你還是同樣的你，為什麼感覺會如此不同？

生日那天你很快樂，你想過嗎？每天你都悶悶不樂，然後在生日那天你就突然笑逐顏開，這是很奇怪的。這快樂的心情是怎麼來的？

你說：「那是因為那天心情不一樣啊！」心情不一樣，這就對了！即使那天跟平常的日子並沒有什麼不同，同樣的早晨，同樣的街景，面對同樣的人……但是當你心情不同，當你帶著歡喜的心，日子就變得完全不同。因為就在同一天，也有人過得非常悲慘，不是嗎？

這個世界是心的世界，我們感覺到的世界其實都是我們內心的反射。心美，世界就美；心情好，一切都好。

LESSON 2

態度

學習選擇自己的態度

擔憂，於事無補

我從不擔心，因為擔心也沒有用。

關心是需要的，但擔心卻沒必要。因為大多數擔心的事都不會發生，即使發生了，擔憂並不會造成任何的影響或改變。回想一下你曾擔心過的事，比方擔心考試會不會通過，擔心生病什麼時候會好，擔心天氣會不會下雨，擔心沒錢繳貸款……最後的結果曾因你的擔心而有改變嗎？

這是不可能的。你怎麼可能藉由擔心緊張帶來好成績？怎麼可能焦慮不安就能變出錢來？怎麼可能說天氣會因你的擔心而改變？怎麼可能透過憂愁煩惱讓病情轉好？擔憂無法幫你解決任何問題，甚至還可能變更糟。

商人比爾得了失眠症，醫生建議他：「你可以躺在床上閉起眼睛，然後數羊，不用數到兩千隻，你就睡著了。」

過了幾天，比爾更加憔悴地來了，他說：「我一數羊，更加睡不著了。」

醫生奇怪了：「你真的照著做了嗎？」

「當然做了。」比爾說：「我剛剛數到一千，就想，我如果有那麼多的羊，可以做上萬件的大衣。突然問題來了，有那麼多大衣要怎麼賣？萬一賣不出去怎麼辦？我愈想愈擔心——天哪，我哪裡還睡得著呢！」

達賴喇嘛的睿智之語：「與其擔心問題，不如去尋找解決問題的方法。相對的，如果問題解決不了，也找不出方法，那麼也根本不需要擔憂，因為你再擔心也一樣於事無補呀！」沒錯，**擔心永遠是多餘的。**

先喜歡別人

有個母親正在和兒子談論他的女朋友。母親問：「她為什麼喜歡你？」

「那很簡單，」兒子開心地答，「她認為我英俊、能幹、聰明、風趣。」

「那你為什麼喜歡她呢？」

「我就是喜歡她認為我英俊、能幹、聰明、風趣。」

如果你覺得某人喜歡你，你也會回過頭喜歡他，人的情誼就是這麼來的。

這世上每一個人都是自我主義者。你可以觀察一下，只要拿起一張團體照，無庸置疑，你最先會注意的一定是自己。基本上每一個人最關注的就是自己，別人也是一樣，這是大家首先要有的覺知。

不喜歡別人的人，自己也不討人喜歡。有一個實驗，要一群學生在規定時間內，列出他們討厭的人的名字，時間到，每一個學生都列出不同數字的名字。結果發現，那些寫出最多「討厭的同學」名字的人，便是最多同學列名討厭的人。

至於只勉強寫出一個名字的學生，經調查結果顯示，他正是班上人際關係最好的人。

世界上最孤獨的人，是那些不喜歡別人的人。不喜歡對方，要關心就很困難，若不先去關心他人，那些我們希望在家庭、社會、在關係中被肯定、被珍惜、被在乎、被重視的渴望與需要，都變得愈來愈渺茫。

想要有好人緣，就應該先去喜歡別人，一旦能讓對方喜歡自己，他就會喜歡你。

自討苦吃

你是否曾注意過小孩打針的情況？不同小孩在打針之後，哭泣的時間長短都不同。有的小孩只哭一下子，當針打完，也就不哭，有的小孩在打完針後，依然哭得死去活來，不管大人怎麼安撫都沒有用。

其實，當針打完的那一刻之後，就已經不痛了，可是小孩仍停留在針扎屁股的那一剎那，我們不也經常如此。

我的一位同事搭高鐵上班，在下車後，腳被踩了一下，沒想到那個人看都不看就走掉，到了中午一起用餐時，當他提起這件事還忿忿不平。事實上，他身上的疼痛很快就消失，甚至已經沒有感覺了，但他到下午還念念不忘。

人真的很執著，只要回顧一下你的過去，你曾經受過傷，那傷口還留在你的腦海裡；有人欺騙你，做過對不起你的事，你現在還耿耿於懷；你曾受到羞辱、責罵，每一件都記得一清二楚，沒事還拿出來回味一番……。假如你把過去緊抓不放，你當然會一再去經歷它，這不是自討苦吃嗎？

我認識一位歷經種種凌虐的病人，她平靜地告訴我：「**我之所以能忘掉過去，是因為我已經認定那些人不值得我為他們而毀了自己的生活。他們對我的傷害，最多只能到這裡。**」

沒錯，針已經打完，除非你不願拔出針頭，否則怎麼可能一直痛？

心上人

當你心裡一直不停惦念著某個人，這就表示你戀愛了。

不過假如你腦海裡不停地想著你討厭的人，這又代表什麼？

難道你在跟那個人談戀愛嗎？

我們常說：「不要恨任何人！」你知道為什麼說不要恨任何人嗎？因為愛和恨本質上是同一件事。當你恨一個人的時候，那個人就占有和掌控你的心。

每次你想起他有多討厭時，他就掌控了你的念頭；

你跟朋友抱怨起這個人時，他就掌控了你的交談；

每次你聽到他的名字或與他相關的事情時，他就掌控了你的心情。

恨的關係比愛的關係更親密。當你恨一個人，他就會與你如影隨形，常相左右；**如果你一直把對方放在心上，他就成了你的「心上人」，不是嗎？**

這就是為什麼耶穌說：「要愛你的敵人。」你能夠放過你的敵人，你才能擺脫他們，否則他們會繼續掌控你。

小王失戀後，整天茶不思、飯不想，在床上長吁短嘆。大家都不知如何勸慰才好。

生性達觀的小李對小王說：「快停止嘆息，下床吧！難道失戀的滋味那麼好，值得你不吃不喝地躺在床上慢慢品味？」

所以，當你不愛某個人就別恨他。就像你很討厭喝某種飲料，你會一再點來喝嗎？

念念不忘

那已是很久以前的事了，你還耿耿於懷。「沒辦法我就是忘不了！」你說。

為什麼沒辦法？如果你不抓住念頭，念頭會抓著你不放嗎？念頭總是來來去去，就像到家裡拜訪的客人，如果你不留住，他們不可能一直住下來。

人們常說：「我忘不了他對我說過的話。」「我永遠忘不了他對我做過的事。」其實真正原因是自己「念念不忘」。

你在生氣，只要閉起眼睛坐著，試試看，你能夠維持生氣多久，你會發覺在幾分鐘之後，那個熱度已經減退，或者，在過了一小時之後，你發覺你已經完全忘記，你已經在想其他的事。

你可以在一天結束之前試著回想，頂多只能想起當天印象最深刻的一、兩件事。同樣地，如果我們在一個月結束之前試著回想，頂多只能想起當月印象最深刻的一、兩件事。即使是我們一生當中，能記住的事也是很有限，就算已經記住的事也常想不起，不是嗎？

就像剛剛我去接電話，回到電腦前我呆坐一會：「我剛才想到哪了？……噢，對了，我剛才在想寫完這篇稿子，要去泡茶。」當你明瞭念頭只是「過客」，你便掌握了主控權。你不去「抓住」負面念頭，負面的情緒就會消失不見。

想一想，**假如有一個討厭的人，到你家白吃白住，惹得你心煩意亂，你會怎麼辦？你會把他留住，甚至對他「念念不忘」嗎？**

感激月亮

有一則猶太故事說，有一天，有人問一位孩子，太陽和月亮哪個比較重要？

那位孩子想了半天，回答道：「是月亮，月亮比較重要。」

「為什麼？」

「因為月亮是在夜晚發光，那是我們最需要光亮的時候，而白天已經夠亮了，太陽卻在那時候照耀。」

你或許會笑這孩子傻，但說不定自己也是這樣——對每天照顧你的人，你從不覺得感激，若是別人對你好，就認為他人真好。

人在心理有一個誤區，就是對不容易得到的東西都比較珍惜，一旦垂

手可得就覺得理所當然。

當別人為你做一件事，你會很感激；如果每天都這麼做，慢慢就習慣成自然。當別人對你好，你會想回報；但你的親友一直對你付出，你卻不感恩，甚至還常抱怨。

陽光、空氣和水，因為不虞匱乏，所以它們的存在，似乎沒什麼值得大驚小怪；只有在失去的時候，人才懂得珍惜；對你好的人，如果一直都在，你就忘了他們的存在，直到有天失去了，你才會發現他們的好。

人總想要自己沒有的，卻不懂得珍惜擁有的。想想，這跟那個傻孩子有什麼不同？

自尋煩惱

心理學家為了研究「煩惱」問題，曾做了一個很有意思的實驗：實驗者在一個週日的晚上，把自己未來一週內所有憂慮的「煩惱」都寫下來，然後投入一個「煩惱箱」裡。三週之後，心理學家打開了這個「煩惱箱」，讓所有實驗者逐一核對自己寫下的每項「煩惱」。

結果發現其中九成的「煩惱」並未真正發生。然後心理學家要求實驗者將記錄了自己真正「煩惱」的字條重新投入了「煩惱箱」。又過了三週，心理學家又打開了這個「煩惱箱」，讓所有實驗者再一次逐一核對自己寫下的每項「煩惱」。結果發現絕大多數曾經的「煩惱」已經不再是「煩惱」了。

簡言之，我們都「想太多」了。

你有沒有注意到，在我們生活周遭，有人日子過得輕鬆自在，有人卻總是煩東煩西，為什麼？如果你進一步了解，就會發現，其實問題不在麻煩的多寡，而是很多人會去「自尋煩惱」。

有方法可以改善嗎？

名醫威廉・奧斯勒開了一個簡單卻有效的方子：「過一天算一天。」意思是說，我們活在今天，就只要做好今天的事就好了。

你能為明天所做的最好準備，就是把今天做好；如果你希望明天會更好，那你應該做的就是把今天先過好。如果你能照顧好今天，那就等於是照顧了明天，不是嗎？

沒錯，**昨天已過，明天尚未到來，想那麼多幹嘛！**

面對批評

據說希臘神話中的天神普羅米修斯（Prometheus）造人的時候，在人的脖子上掛了兩個袋子，一個袋子裝別人的缺點，掛在身前，另一個裝自己的缺點，掛在身後，所以人很容易看到別人的缺點，而看不到自己的。

我們都需要有人告知缺失，讓我們看見自己需要改進之處。但遺憾的是，多數批評的本意並非出於善意，並非是要造就人，反而常試圖蓄意傷人。

大家對這種人應該都不陌生，他們喜歡滅他人威風來長自己志氣。他們可能刻意貶低你，對你說些譏諷、刻薄、傲慢的話，或對你漫不經心，目的都是想藉此提升自己價值。

年輕時的我有時也會讓自己深受別人批評的折磨。直到有一天我請益一位外交官朋友，他說：「問我對批評的看法，還不如去問電線杆對狗有什麼看法。」真是一語道破！批評反映出批評者的程度，更甚於反映受批評的人。

曾有一位德高望重的靈修大師遭到一個無賴的謾罵，此人出言不遜，但是大師一直都沉默不語，沒有理會。

當無賴罵累了，大師問他：「老弟啊，如果有人送禮給別人，對方不接受，那麼這禮物要歸誰呢？」

那個無賴不假思索的回答：「當然應該還給送禮的人呀！」

大師說：「若是如此，你把我罵得一文不值，我不肯接受，你看這些責難又該給誰呢？」大師的回答，讓對方啞口無言。

拉長時間看

面對問題時，要平心靜氣，要客觀超然、大而化之。這些道理說來簡單，做起來並不容易。但經歷過多次的經驗讓我們得知，許多原本看起來很了不得的事件，可能變成很嚴重的問題，但等到事過境遷，我們再回想這件事，經常會有這樣的感覺：「其實也沒什麼大不了嘛！」

你是否有過類似經驗，當時你真是氣炸了：你的文具被同學用、輪胎被洩氣、被反鎖門外、店員態度惡劣、考試沒考好、朋友約會不準時、爸媽忘了答應你的事……而今呢？你還氣嗎？是不是淡然許多，甚至早已淡忘？

華歌爾總裁說過：「若能擴大自己的視野，讓眼光看得更遠，你將會發現原來還有一個更寬廣的人生。若縮小視野，即使是小問題，也可能無法獲得解決；而且任何事情也都變得窒礙難行。」

經常我們都把自己搞得又忙又累，又氣又惱。我們沒有發現，很多的時間和精力是浪費在為一點小事爭鬥、一點小利計較。試著拉長時間看事情，你可以這樣問自己：「一年後我還會在乎這件事情嗎？」「十年後這對我會有什麼影響？」就像當你把手拿遠一點，視線就不會被遮住；當你把事情放遠來看，你就會發現，其實也沒什麼大不了嘛！

LESSON 3

人際

學習選擇自己的人際

問題可能出在你

有一天，一隻烏鴉離開牠住了一段時間的森林，向東方飛去。在途中遇到一隻鴿子，牠們在樹梢停下來休息。鴿子關心地問烏鴉道：

「烏鴉大哥，你要飛到哪裡去呢？」

烏鴉憤憤不平地說：「鴿小弟！森林裡的鄰居都嫌我的聲音不好聽，只要我一開口，牠們不是破口大罵便是對我吐口水；有時我高興起來，高歌一曲，他們捂著耳朵，吱吱喳喳地給我難堪，有時甚至飛過來，啄得我渾身是傷。你說，那種鬼地方我還能待得下去嗎？所以我想飛到別的地方去！」

鴿子一聽，立即忠告牠：

「烏鴉大哥，你飛到別處還是有人討厭你。如果你不改變聲音，到什麼地方都不會受歡迎！」

在你的生活中，有哪些問題一直困擾你？情緒、金錢、課業，煩人的老師、討厭的同學……如果你老是遇到同樣的問題，你就得好好問問自己了：「**為什麼這些問題老黏著我不放？還是我就是那個問題？**」

沒錯，問題很可能就出在你身上。因為在你周遭的許多人並沒有同樣的問題，對嗎？

引自哲學家歐康納的話：「他找不到問題的根本在哪裡，因為他的問題根本就是他自己。」如果你老是碰到一些討厭的人事物，這時你就要反省了，自己的言行是否也讓人討厭？

是否你也變了？

有個女孩有個非常要好的朋友，兩人無話不說，每天幾乎形影不離。
可是有一天，女孩回家來氣得咬牙切齒，口口聲聲說「要與她絕交」，並且「永遠不會原諒她」。

父親問：「怎麼啦？總有個理由吧！」

女孩才說：「她背叛我，把我只說給她的話也告訴了別人。」

「原來是這樣。」父親嘆了一口氣，說：「我想提個問題：妳最喜歡的朋友為什麼一下子就成了最恨的人？是她變了一個人？還是妳變了？」

兩天後，女孩心裡平靜下來，說：「我已經覺得她沒有那麼可恨了。」

父親笑說：「妳過分注意別人的缺失，才使妳喜歡的人變得不喜歡了！」

當你喜歡某個人，你有注意過嗎？你為什麼喜歡他？是不是因為你喜歡他的某些優點？反過來，當你發現他的缺點，喜歡就會變成討厭。

原本要好的朋友為什麼由喜歡變討厭？原本相愛的戀人為什麼由愛生恨？他們還是同一個人啊，為什麼？

是不是你注意的焦點變了，你太注意他的缺失。

你覺得他越離越遠，想想看，自己是不是也沒主動親近？

你覺得他讓人討厭，想一下，自己是不是也讓人討厭？

你認為他背叛你，反省一下，你是不是也背叛自己？

你認為他變了，反過來看，自己是不是也變了？

人與人的關係就像一面鏡子，你從別人身上看到的往往是自己。

人際

別人是一面鏡子

你知道自己的外表，因為你只需要從鏡子裡看。然而你知道你的內在嗎？你可以從鏡子裡面看到自己的心，看到自己的個性、情緒、感覺和思想嗎？可以，這面鏡子，就是關係的鏡子。

從這面鏡子，你可以發現你所不知道的自己。

舉例來說：你感覺某個人很不友善，然而當你認為他不友善，你會有什麼反應？你會如何對待他呢？你難道不是一樣不友善嗎？

所以，他是你的鏡子。有人說你很小心眼，即使那是他亂說，但如果你很氣並找他議論，不就證明他說的沒錯嗎？別人很沒水準，如果你也有樣學樣，那就表示你跟他的水準一樣。

有些人或許會說：「是他惹我的，否則我也不會這樣，怎麼能說我像他？」

當我們生氣時，會認為憤怒是由別人造成，而將情緒反應都怪到別人身上，那是正常的，因為你看不到自己的內心，但是如果你深入地觀察就會明瞭，造成生氣的主因，其實是自己那顆憤怒的心，因為有些人面臨相同的情況，並不會如此生氣，或是有同樣的情緒反應，對嗎？

如果我們被天空的宏偉壯麗所感動，顯然這是我們自己內心的感受。因為就在同一個天空下，有些人或許一點感覺都沒有。我們對周遭的人的觀感也一樣，其實都反映我們的內心狀態。

我們在情感關係中所發生的問題，都反應出我們自己內心的問題。別人只是一面鏡子，幫我們顯現出內在的東西。

說人就是說自己

那個人為什麼這樣對我？你百思不解。為什麼他會有那種表情？為什麼會說那些話？為什麼他會用這種態度？一連串的疑問搞得你心情煩悶。

事實上，你說的那個人就跟你我所認識的多數人一樣，他們並不是絕對理性，他們可能充滿自私、偏見、嫉妒、情緒化，甚至喜歡吹毛求疵、不可理喻。

這是大家首先必須明白的，不管人家說什麼，與你不太相干，而是與他們自己有關。人們談論或想像的你，不過是他們自我的一種投射，不必想太多。

心理學研究發現，人常不自覺將自己的特點歸因到別人身上。以己度人，比如自己喜歡說謊，就認為別人也總是說謊；心地善良的人會以為別人都是善良的；而敏感多疑的人，則往往會認為別人不懷好意……心理學家稱這種現象為「投射效應」。

由於「投射效應」，我們可以從一個人對別人的看法來推測這個人的內心。

在生活中，我們總會發現，**抱怨最多的人，往往也是為別人找最多麻煩的人。喜歡道人長短的人，他們自己的心態也都有問題；而當一個人心存邪惡時，就很容易看到別人的錯誤。**如同聖經說的：「因為他心怎樣思量，他為人就是怎樣。」

當你討厭某人，用一些不好的言辭盡情批評別人的時候，也要注意了，你說的其實是自己——來說是非者，便是是非人。

真心待人

我們每一個人都有一顆真心，而這個真心是我們本來就有的，只是當我們為了某些目的，對某人是有所求的，慢慢把自己的真心遮蔽住了。

有一則有趣的故事。

某天一個成績被當的學生表示要為老師泡杯茶，但老師說不必了。不久，另一個學生也表示要為老師泡杯茶，這回老師欣然接受。

第一個學生很奇怪地問道：「剛剛我說要為您泡茶時，您為什麼拒絕。」

老師回答說：「因為你不是真心的。」

你有沒有這樣的經驗，你對某人付出，卻沒得到應有的回報，你感到挫折、氣憤，甚至覺得後悔？試想，如果你是真心付出，為什麼會有這種感覺？

問題就在心的轉變，你原本關心別人的需求，而現在關心的是自己的需求，對嗎？

情緒可以顯示出你的心。如果想為對方做某事，那麼在做這件事的時候，你會感覺到喜悅或是正面情緒；反之，當你做某些事之後，會感覺到失望、憤怒、沮喪，或者任何負面情緒，就表示你想到的人是自己，你是有求的。

我們付出是單純的，顯示出來的就是單純的快樂；然後，我們有了期待，顯示出來的就是期待；當期待落空我們挫折、憤怒、怨恨，顯示出來的就是挫折、憤怒、怨恨。

沒錯，如果你想滿足喜悅，就要對人真心相待。像很多義工之所以樂此不疲，奧祕即在此。

澆花代替除草

我們每個人內心都有一座花園，在這座花園裡存有怒氣的種子，也有愛與善的種子。如果你澆灌的是愛，便生出愛的花朵；如果你澆灌心中怨恨的種子，怨恨的雜草便會滋長茁壯；如果你是個易怒的人，那是因為那顆憤怒的種子長期得到灌溉，你應該找到那顆善的種子，每天澆水。

你對身邊的人也一樣，不要對負向的種子澆水，找出他們有什麼正向的言行，每天灌溉。就好像你在灌溉花朵，你有在注意它、灌溉它，那麼花朵便會綻放開來。如果你把焦點放在人們那些你不喜歡的行為上，只會引發他們更多相同行為。要轉變這種情況，那就去稱讚那些你喜歡的行為。當你告訴他們你喜歡、仰慕或欣賞他們的地方，就是在幫那顆正面的種子澆灌；忽略那些你不喜歡的地方，即是讓負面的種子慢慢枯萎。

人們常犯的錯誤，是一直指正別人的缺點，試圖拔光所有的雜草，後來才發現「野草除不盡，春風吹又生」，即使你把這邊的草拔光，另一邊的草很快又長出來，永遠除不完。何不以澆花代替除草——每一次對方做了你喜歡的事，稱讚他，忽略那些你不喜歡的行為。

試想，如果有人告訴你他們喜歡你的地方，你會如何回應？你通常會更常做那些事。你可能連他們告訴你的其他事情都更能聽得進去，對嗎？那你為什麼不這麼做？

因為，不值得

雖然事情已過，但你卻一直沒有離開那個傷害你的人和受傷的情境，所以你愈想愈氣。

你說：「我永遠也忘不了，因為那個人實在太過分……。」

的確，遺忘並不容易。我們的心寧可相信只要氣他、恨他、羞辱他、指責他、定他的罪，這樣至少能讓自己好過一點。然而卻沒有看清，不肯忘卻最大的受害者就是自己。怨恨往往會比你怨恨的對象傷你更深。

對方也許只傷害過你一次，但是，你卻在心中一而再，再而三，反覆的想著，好像已經被傷害過千百次似的。滿腔的恨意，只會讓你更想起那件事，更想到那個人，不是嗎？

為什麼你要去想？有什麼好想的？他都已經傷害了你，難道你還要以「念念不忘」來凸顯他的重要，來顯示他在你心目中的地位嗎？

生命會得到什麼決定於你注意什麼，如果你平常想的都是一些討厭的人和事，怎麼可能開心？

作家奧斯卡．萊文特說得對：「幸福並不是你所經歷的事，而是你所記得的事。」如果你總是記一些不好的人和事，你又怎麼可能過得好？又怎麼可能幸福呢？

事實上，那些你最痛恨、最忘不了的人，正是你最需要遺忘的人。如果你要的是幸福快樂，那就永遠別浪費時間去想任何你不喜歡的人了。

因為，不值得。

說人是非

一個女孩在庭院中玩耍，鄰居太太來訪，跟女孩的媽媽聊天。鄰居太太在談話中，禁不住把自己孩子的許多問題提出來跟女孩的媽媽商討。由於音量過大，在庭院中的女孩全都聽到了。

鄰居走後，女孩的媽媽覺得所談的問題對那位孩子的關係影響很大，怕女兒聽了傳出去不好。於是把女兒叫到身邊，問她：「假使鄰居那位媽媽把錢包留在我們家，我們能不能把錢包送給旁人？」

女孩說：「當然不能。」

媽媽說：「今天她留下了比錢包更寶貴的東西在我們家，她在這裡說的許多事，會使某些人不愉快。這些事情，都不是我們的。雖然她留在這裡，但仍是她的，我們絕不能拿來送人，懂嗎？」

女孩說：「懂了。」

從此以後，女孩知道人家信任自己而說的一段悄悄話，或者一些閒言閒語，只能留在心裡，絕不能說給旁人聽，甚至加以論斷。

人們喜歡論人是非，說人閒話，我認為不管居心如何，都是不應該的。因為那可能不是真實的，或是不便公開的私事，甚至是有破壞性的話。當你說出去，在蜚短流長、以訛傳訛後，往往對人造成無可彌補的傷害。

對事不了解而妄加論斷，是不客觀；對人不了解，而妄加論斷，則不但不客觀，更不道德。試想，如果有人在背後說你，謠傳一些不真實的傳言，你覺得如何？

再了解深入一點

在大學上推廣教育課時，有一位學生經常打瞌睡，即使在分組討論時，也是哈欠頻頻。我猜想，她並不是真的想要上這個課程，於是建議她下一期就別來了。

沒想到，她告訴我說，為了參加這課程，她必須在前一天加班工作到很晚，而隔天一下班又直接趕來上課。原來……她不是不願來上課，而是非常想來，甚至犧牲睡眠來上課。我對她的判斷大錯特錯。

自此，我總提醒自己：絕不要從表象來判斷事情，特別是對別人有任何不諒解時，務必要再三確認，再了解深入一點。因為我們並不知道每個人「背後的故事」。

當我們對馬路上橫衝直撞的車大罵，我們並不知道他親人剛發生一場意外，他正急著趕往；當我們指責一個遲到的同事，我們並不知道她要送孩子上學，半夜還得看護住院的母親；當我們正對朋友爽約而不高興，我們並不知道他的經濟和感情發生了問題；當我們對一個不友善的店員發怒時，我們又豈能料到幾天前他被診斷出得了重病。

你有對某個人無法諒解嗎？那很可能是你對他的了解還不夠，先別急著下斷言，請再了解深入一點。

有錯就道歉

人與人之間的誤解，就像身上的傷口，越早處理越好；如果放手不管，久了就算傷口能癒合，心裡的疤痕也難除掉。

一位女孩因誤傳了話，傷及好友，兩人從此沒有往來。每次只要想起這位好友，她就很感傷。後來，她們在一次聚會不期而遇，於是她主動過去招呼。沒想到，兩人只剩客套問候，感覺早已走味。

所以，有話要儘早說，有誤會就問清楚：「你好像在生我的氣，究竟是什麼原因？」當面談清楚，是把壞情緒一掃而空的最好辦法。

如果有錯就道歉，不管對方接不接受都無妨。請記得，**你不需要為對方的反應負責，為自己的行為負責即可。**你唯一需要的只是真心誠意但不易說出口的一句話：「我對自己做的事很抱歉，希望你能原諒！」真誠的道歉比任何行動都更能修復關係。

有一個先生跟父親之間，因為一些爭執形同陌路，很長一段時間，他都沒回家，甚至連通電話都沒打。後來聽說父親病了，他打電話回去關心，並鼓起勇氣，跟父親道歉，父親也接受了他的歉意，兩人終於重拾親情。

他很後悔說：「這幾年的憂慮都是多餘的，我真該早一點這麼做。」

心為什麼不安？

人心都有感知能力。所以每當我們對別人做一件「不希望發生在自己身上的事」時，就會有一個「鬼影」在自己的內心誕生。

如果你罵人，你同時也會立刻感受到被罵的感覺，當我們數落別人，那個被數落的感覺同時在我們心中產生；如果我們不守信，還扯一堆藉口，在內心我們就會感受到對方失望、憤慨、受傷的情緒。

罪惡不是遭到懲罰，罪惡本身就是一種懲罰。當你犯下罪惡，你會感到罪惡，你會感到心神不安，你會感到內在混亂，你會感到不快樂。就像回力球一樣，你讓別人感受到的，都會回到你自己身上。

你有沒有遇過這種經驗？你跟某人爭辯，最後你爭贏了，但不知怎麼搞的，你並不覺得高興，心情反而覺得低落。

有人傷害了你，打擊你，你還以顏色，但奇怪的是，當你反擊之後，心情非但不覺得快樂，反而變得更糟。

你腦海中一再重演剛剛說過的話，並試圖為自己的行為辯解。「是他先不對，是他對我惡言相向，是他對我這樣……所以，你才會那樣……」但有一種不安的感覺，還是讓你無法平靜。

你不解，這是怎麼回事？其實，這不安的感覺就是你的良心在對你說話。

是的，你的不安是因為你違反了自己內在的良善，你的心非常善良，它不想要傷害人、不想打擊人、不想要讓人挫敗；內心害怕那樣的事也發生在自己身上，所以才會不安，明白嗎？

愛的渴望

如果你觀察你的每一個願望，就會發現最根本的願望只有一個，就是對愛的渴望。**人的每個行為後面的動機其實都在求愛。**差別只在，有些人求愛的方式很受歡迎，他們懂得如何讚美別人，為別人付出而獲得喜愛；有些人的方式很笨拙，他們常用抱怨、妒嫉、責罵或憤恨的方式去索取愛，結果愛漸行漸遠。

你可以想想那些你愛與不愛的人，那些你想親近和避之唯恐不及的人。為什麼你喜歡這個、不喜歡那個？這答案可能有點現實冷酷，但如果你仔細想想，這是真的。我們喜愛一個人，通常跟他們本身沒多大關係，而是跟你感覺他們給你什麼有關。我們與每個人的關係，或多或少都摻雜了這種個人利害在內。

我們都渴望被愛，我們必須瞭解到別人也一樣，別人也有同樣的需求，我們之間並沒有什麼不同。我們都想要被體貼、瞭解、尊重、支持讚美與關愛，只要了解這點，你就明白該怎麼做。

所以，每當有人問我有關人際關係的問題，我都會建議他們問自己，「如果是愛」這四字構成的句子：「如果是愛，我會怎麼說？」「如果是愛，我會怎麼決定？」「如果是愛，我會怎麼做？」只要回到愛，那麼，正確的答案就會自動顯示出來。

一旦成全人們對愛的渴望，也將獲得渴望的愛。反之，只想被愛，而沒有能力愛人，最後連愛都會失去。

最好的報復

當我們為他人所傷，內心紛亂，憤恨的情緒久久無法釋懷，報復之心於焉生起。

「我恨透了那個人。」你說：「我絕不會讓他好過。」你滿心怨恨，渴望報復，你相信只有讓他痛苦，自己才會好過一點。

但這樣有用嗎？當然沒用，當你一心想著報復，腦中一遍遍地想著對方對你的傷害，你只是讓自己更受傷而已。

有個女星被朋友欺騙投資，生意失敗慘賠。事過十年，堅強的她最後站了起來，不但還清債務，事業也重回軌道。某次接受訪問，聊到這段讓她傷痛的過去。

主持人問：「當時遭到朋友背叛，難道妳不會想報復嗎？」

女星坦言：「當然會。我曾想自殺，讓她後悔一輩子；也曾想透過關係，毀了她的事業；我甚至想找來黑道恐嚇她，讓她嘗嘗活在恐懼的感覺。」

主持人繼續追問：「那麼妳最後怎麼報復？」

女星聳聳肩：「我自殺死了，她頂多自責一陣子，不值得；毀了她的事業要花不少心思，但我卻不會因此多賺一點錢；找來黑道，萬一事跡敗露，我還會吃上官司，更加不值得。」

主持人說：「所以，妳什麼事也沒做嘛！」

「不，我後來想出了一個方法，對她而言是最嚴厲的報復。」

「是什麼？」

「因為她恨我，不希望看到我快樂，看到我成功……」女星微笑地說：「所以我最嚴厲的報復，就是讓自己過得很好！」

她是對了，**想報復不好的人，就是讓自己活得比他更好。**

幽默力量大

有位將軍受邀請參加一個宴會，一位小戰士舉杯準備為他斟酒，卻一不小心把酒灑到了他光禿禿的頭上，小戰士一下不知所措，要知道在那種情況下是十分尷尬的，這時將軍幽默說：「你以為用這種方法，我的頭髮就會長出來嗎？」一下子化解了尷尬。

幽默力量大，而自嘲又被稱為幽默的最高境界，由此可見，能自嘲的必定是智者中的智者，高手中的高手。

當然，自嘲並非貶低自我，而是用一種趣味的角度看待發生在你身上的種種。自嘲必須有開闊的胸襟、機靈的反應，還要有相當的自信。能自我解嘲的人，表示有較高的自我價值，才「開得起玩笑」。

話說在第二次大戰期間，聯軍最高統帥艾森豪將軍，赴前線勞軍以鼓舞士氣。

那天剛好下雨，他所視察的地方都滿是泥濘，且水深及踝，行動十分不便。

艾森豪在臨時搭蓋的講台講完話要離去時，就熱情地向大家揮手，不過此時卻一個不小心，整個人跌落污泥中，引得士兵們哈哈大笑。一陣忙亂中，該基地的司令官尷尬地扶起了艾森豪，並緊張地向他致歉。

「沒關係！」艾森豪不以為意，還玩笑地說：「看來，跌這一跤比我的話更能鼓舞士氣。」

這就是幽默的力量。多數人都怕別人嘲笑，因而千方百計地掩飾自己的缺失和錯誤。其實呢，**如果你能在別人嘲笑你之前，大方地嘲笑自己，別人又怎麼有機會嘲笑你？**

無心之過

你是否也有這樣的經驗：就是對自己說過的話或做的事感到歉疚。你可能會覺得自己失控了，你並非存心說出那些話；或者你也搞不清楚自己是怎麼回事，為什麼會那樣做，當你沉靜下來，才覺得不妥，甚至後悔不已。

其實，人本來就常會處在「無意識」狀態，犯錯是人之常情，即使是意識清醒，頭腦清楚的人，也會做出一些「糊塗事」。所以一些先聖先哲們會一再提醒大家要慈悲寬恕，他們知道人或許會犯下惡行，但這種行為的人本質並非邪惡，而是「無意識」。因此對於一些「無心之過」，自然也就能寬容釋懷。

誰都可能遇到情勢所迫的無奈，無意的失誤，考慮欠妥的差錯，是不是？難道你沒有過嗎？那時候你是多麼希望別人能寬容地對待，而現在你又是怎麼對待別人的錯誤？

試著退一步，以對方的角度看事情，看到對方和自己一樣，是一個凡人，有時會衝動、會失常，有時會懦弱、會暴躁，有時會失去耐心，有時也會迷糊……當你看到自己也曾犯下種種過失，諒解就容易多了。

給人留一步路，好讓自己的路愈走愈寬。把這句話記下來，因為說不一定在哪一天，你也可能需要別人的諒解。

人際

只要盡力就好

人常以結果論事情，但我則看重過程。

拿這次期中考來說，我對孩子的表現就很滿意，因為在考前他們會主動做計畫表、寫評量、複習功課，雖然成績不盡理想，但我覺得盡力才是最重要的。

我也是這樣看待學生和同仁，盡力是主動積極的一種心態，而結果可能受到外在的因素影響，結果反而是其次的。

在待人處事，或遇到人際問題時，我則用這句話來反問自己：「我已經盡力了嗎？」

我覺得人與人相處應該順其自然，所以不喜歡太刻意經營。當然有時也會考慮不周，或引發誤解，該怎麼處置呢？還是這句話，只要盡力就好！

「我已經盡力去解釋了，」曾有人問我：「但是對方還是不接受我的道歉，該怎麼辦？」

還有人是苦口婆心，但朋友卻屢勸不聽，他很無奈：「我快說破了嘴，他卻依然故我，該怎麼做？」

「既然已經盡力，那就好了！」我的回答一樣。我們無法左右別人，不是嗎？

當你是誠心的、立意良善的、動機純正的時候，你自己會知道，那就夠了。換句話說，**你只要做好自己該做的事，剩下的就不是你的事。**

看待感情也一樣，當愛已成了往事，或許沒有誰對誰錯，當雙方已做到個人的極限，也已經盡力了，就沒有什麼好遺憾的。

沒錯，世事豈能盡如人意，只要盡力就好。

人際

LESSON **4**

想法

學習選擇自己的想法

想法決定人生

每當我問一些對生活不滿的人，究竟他的生活出了什麼問題，他們通常抱怨一堆。但我知道，這些抱怨只是他們內在思考模式的外在展現而已。

我們都認識一些不如意的人，如果你仔細聽他們說話，你就會知道其中的原因——他們的思想毫無建設性，盡說些「我做得不好、我運氣很背、別人都不支持我、不重視我、他們吃定我、老愛找我麻煩、我做任何事都不順……」之類的話，果然做什麼都不順。

思考和語言會創造出我們的經驗。當我聽人說話時，我很容易了解到，為何他們會有這些問題。我們內心想法會透過言語表達出來。你把思想放在那裡，你就開始創造經驗。

哲學家赫拉克立特有句名言：「個性即命運」。或許有人會抗議，「胡說！我是因為遭遇這樣的命運才變成這樣的個性。」到底誰說的對？

其實，兩者都對。我們的人生經驗會形成我們的人生觀，我們的人生觀也會創造我們的人生經驗。

多年前，一位在大學任教的同學送我的一本書，他在裡面寫了一段話對我助益良深：

要看看你的念頭，因為念頭會形成思想；

要看看你的思想，因為思想會形成語言；

要看看你的語言，因為語言會形成行為；

要看看你的行為，因為行為會形成命運。

人有什麼心態，就有什麼樣的結果；有什麼樣的想法，就有什麼樣的人生。

坐在駕駛座的是你

每當我問學生，有多少人看過有關正面思考的書，許多人都會舉起手，當我再問有多少人在讀過書以後，想法都是正面的時候，所有舉起手都不見了。

人無法選擇要哪些想法出現，也不可能阻止想法出現，所以，學會觀察自己的想法，以及把它帶到你想去的方向，就變得極為重要。

這個想法如果是你的司機，它會帶你到你想去的地方嗎？

基本上，大部分人都放任事件來控制自己的想法。你今天運氣很背，上學遲到，發下的成績不理想，回家的路上又差點被車撞到，如果有人問你今天過得好不好？

你這麼回答：「倒楣、糟透了！」那你現在的心情呢？沒有必要也是「倒楣、糟透了吧！」當你回到家後，可以放鬆心情，散散步、打個球、聽音樂，或是重新振作起來讀書。

何必讓一些不愉快影響整天的心情？

有時我們會碰到一些人，境遇並不如意，不知道他們為什麼可以活得這麼快樂，而心生好奇。還有些人處境悲慘，為什麼還能苦中作樂？

其實關鍵都在自己的想法。

情緒是探索我們有沒有正面思考最好的工具。

在想美好的事物時，你的感覺不可能很糟。同樣的，當你心情很好，想的也不可能是負面的。

以心情做為駕駛的路標，可以讓你知道自己置身哪一種思想模式，協助你走向你想去的地方。

注意什麼，就發現什麼

人的視野就像照相機的鏡頭，當你注意某樣東西時，它會變成焦點，其他每樣東西就會變得模糊，甚至看不見。

你在餐廳和朋友聊天，朋友成了你的焦點，那麼周遭所有的其他事情，別人的交談、音樂、杯盤的碰撞、來往車輛的嘈雜，這一切都會變得模糊。如果你注意的是音樂，那朋友和其他的聲音就會變得模糊，甚至消失不見。

你注意什麼，就會發現什麼。下雨過後，你出門散步，你留意著每一個腳步，怕泥濘弄髒了你的鞋子。但你若能抬起頭來，就可以發現綠葉變翠綠，雨過初晴的天空真美。

你可以自由選擇把自己的注意力放在哪裡，焦點一旦轉移，新的現實隨之出現。

你可能因為必須上課而倦怠，也可以因學到更多知識而雀躍；你可能為工作繁瑣而嘀咕，也可以因擁有工作而歡喜。

你可能為了摔破皮而哭泣，也可以為沒摔斷腿而感恩；你可能為看錯人而沮喪，也可以慶幸自己看清那個人。

你可能因下雨而感嘆，也可以對免費被澆水的草地而欣喜；你可能為玫瑰有刺而抱怨，也可以反過來讚賞刺上面有玫瑰。

你的生活品質是由你注意的焦點決定的。**假如你發現生活盡是些不愉快的事，要知道你還有另一個選擇——照出什麼樣的風景，全看你如何取景。**

想法

言語的力量

思想具有能量，語言是有聲的思想，所以語言具有很強的力量。每天我們少說也要講上幾百句到幾千句話，不知不覺地就會影響到自己的情緒、心態和命運。

有些人喜歡罵人，或在背後說人壞話，他沒想到，聽到的都是他自己。罵人的聲音就像魔音一樣，當口出惡言成為習慣後，經由自己的耳朵日以繼夜的聆聽、灌輸，久而久之，這種語言就成了心田的種子，早晚會給自己創造惡運的果實。

所以，我們說任何話都要心存善意，而在措詞用字上面也不要太重。我們談吐時所用的字眼會直接影響我們的思想和情緒，一般人處理情緒的中心是右腦，語言中心在左腦。當右腦認知一個負面的情緒時，會越過併底體傳遞到語言中心，說出相應的字。同樣的，當我們左腦在接收到負面的字眼時，也會傳到右腦，反應相應的情緒。所以，我們選擇用什麼字眼來表達就相當的重要。

比方，當某人或某事不合你意，你可以用「我比較喜歡……」，而不是用「我很討厭……」這樣心情是不是平和多呢？

有道是：良言一句三冬暖，惡語一句九月霜。言語看似簡單，但影響卻相當深遠。我們應該多以正面肯定的言語來思考和說話。別忘了，**你說的每句話都是發自於你，最後都會回到自己身上。**

想法

人生紅綠燈

有一次我開車帶女兒去購物，當我們等紅燈時，她問我為什麼今天老碰到紅燈。我回答說：「我們來做個實驗，看看整條路上是不是都是紅燈。」

到達目的地時，我們發現其實綠燈比紅燈多，但是因為碰到綠燈時，我們總是快速通過，可是一旦碰上紅燈，卻要等上很久。因此在等待的過程中，我們總覺得紅燈特別多。

經常有這樣的現象，當我們趕時間時，馬路的紅燈變得特別多。人心一急，就覺得煩人的事特別多；急著得到什麼，反而阻礙重重，處處不順，那是因為我們忽略了綠燈，而專注於紅燈。

每個路口都可能是綠燈變紅燈，也可能紅燈變綠燈。

有人覺得自己倒楣，明明看著是綠燈，就加速往前，怎麼臨門一腳，又轉成紅燈。有人遠看是紅燈，到了眼前變綠燈，就覺得好運，其實那都是自己的心態。綠燈，可以一路暢通；紅燈，不也可以讓自己輕鬆休息一下。

有人一開始命運坎坷，後來卻福星高照；有人飛黃騰達，後來卻飛來橫禍；也有人是禍不單行，後來時來運轉。那是因為我們只看到眼前。**我們眼見的日落其實也是日出的開始；當紅燈時間夠久也就是快轉綠燈的時候。**何必急於一時，甚至冒險闖紅燈？

紅燈了，停下來，好好想想這個問題吧！

想法

用更高的視野看

如果你去看世界地圖，你會發現某些你知道的大城市、山脈，河流都會從地圖上消失；如果你看的是某個國家的地圖，那麼許多世界地圖上沒有的城市、山脈，河流又會出現，而如果你看的是一個縣市或城市的地圖，又有更多事物會出現。

人的視野愈寬，相對問題就愈少；生活圈愈小，問題就愈多。如果你每天圍繞著同樣的人事物，反而跳脫不出來。

許多人喜歡旅行，些許都跟這種心理需求有關。當你看見世界之大，有各種新奇的人、事、物在地球的彼端發生，見多識廣，也就不再斤斤計較，與人為敵。

法國作家羅曼．羅蘭說得對：「人們煩惱、迷惑，實因看得太近，而又想得太多。」這幾年我喜歡爬山，尤其在人生遭遇困頓、面臨關卡的時候，在大山大水之中，也就不會把自己侷限在小格局裡。

欣賞美好的事物時，我們需要融入其中，才能有心靈愉悅和感動；相反的，當你遇到難題、痛苦、焦慮、執著，需要的是「跳脫」，把自己抽離出來，才能用更高的視野去看問題。

人是那麼的渺小，把一幅世界地圖拿出來，你能指出你所居住的城鎮在哪裡嗎？即是能指出來那也是很小的地方，對嗎？大城市只是一個很小的點，現在在地圖裡面找找看，你能找出你家在哪裡嗎？你能指出你在哪裡嗎？

人真的是夠小的，**看看廣大的世界，想想你的問題，你不覺得自己把一些小事都看得太嚴重了嗎？**

只看到黑點

人生總是美好中帶有缺憾，就像漂亮房子也會有蟑螂一樣——要是沒有這些蟑螂該有多好！但是現實生活並不會照著我們想要的樣子出現：你可能很開心得到朝思暮想的禮物，卻發現裡面有瑕疵；你可能興奮去旅遊，才知道路途辛苦；你班上同學都不錯，卻有一個很討厭……。生命總是有一些不完美，但如果你因這些缺憾而煩心，就好像試圖讓房子裡的蟑螂都消失一樣，最後反而滿腦子都是蟑螂。

美好的人生並不是指沒有問題產生，而是要學會接受缺憾，學會欣賞其中的美好。

有位老師進了教室，在白板上點了一個黑點。

他問班上的學生說：「這是什麼？」

大家都異口同聲說：「一個黑點。」

老師故作驚訝的說：「只有一個黑點嗎？這麼大的白板大家都沒有看見？」

通常我們看到一張白紙上有個黑點，就會認為它影響了整張紙；因為一些缺點、錯誤、負面的事物，往往就忽略其他的正面和美好。想想，自己是否也是這樣？

你和某人關係不好，是不是只看到對方的缺點？

你覺得自己差勁，是不是只看到自己犯的錯？

你常不順心、不如意，是不是老想著不順心，不如意的事？

月有陰晴圓缺，但月依然是美的。真正美好的人生，是接納不完美的部分，那麼當下就是美好的，不是嗎？

想法

想想你要的結果

你想什麼想得最頻繁，你就會得到什麼。這是一個有趣的事實：我們的心中最強烈的意念，經常在不知不覺中引導我們的行為，並把這個念頭轉化為事實。

比方，在課堂上，害怕被點到上台或作答的學生，心裡常會想著：「拜託，千萬不要點到我。」奇怪老師偏偏就點到你。

許多有失敗經驗的人，往往容易再次失敗，原因即是他們把焦點放在「不要」失敗，而不是「要」怎樣成功；他們總在想「做錯什麼」，而不是「做什麼才對」，結果又再次錯了。

從前，高空走鋼索的馬戲團表演並沒有張掛安全網。有一位非常著名的走索人卡爾．華倫達以他步步驚魂的特技，風靡了無數觀眾。但是他在波多黎各表演時，卻失足落地，魂歸西天。後來，他的太太說出原因，原來他一直懷疑自己會掉下來，並時常問太太：「萬一掉下來怎麼辦？」他把很多的時間用來避免掉下來，而不是用在走鋼絲上。

思路決定你的出路。如果你想到的是問題，你會發現各種問題；如果你專注渴望的結果，往往得到美好結果。成功的人懂得以緊盯目標來克服猜疑、恐懼和不安的情緒，而不是專注於惱人的困擾上。

每當發現自己感到恐懼、煩惱、憂慮，或甚至沮喪，問問自己，「這樣想對事情有幫助嗎？」

記住，**不要老想著你煩惱的問題，去想想你期待的結果吧！**

你要活在哪一個世界？

我們生存的世界並不只有一個，這世界有多少人，就有多少世界存在；我活在我的世界，你活在你的世界裡，每個人都在他自己的周遭創造出一個世界。

在你的周圍，或許有人生活在天堂裡，有人生活在地獄裡，你認為你們是生活在同一個世界嗎？不，你們怎麼可能生活在同一個世界？

一個同樣的早晨，也許就在同一個窗口，一個正面的人醒來，望向窗外說：「陽光好溫暖，好舒服！」另一個負面的人醒來，望向窗外說：「陽光好刺眼，真不舒服！」

在同一個牧場，也許就在同一個位置，那個樂觀的人，會望向柵欄內說：「哇！好棒，你看有好多的牛。」那個悲觀的人會望向柵欄內說：「哇！好髒，你看有好多牛糞。」這是何等的不同。

曾經擁有至高權力與財富的拿破崙曾感慨地說：「我一輩子的幸福日子，不超過六天。」

但是，雙眼失明且耳聾的海倫凱勒卻說：「哇，我覺得人生真是美極了，我每天都好幸福。」

如果你抱怨，你就創造出一個充滿忿怒、衝突和黑暗的世界；反之，如果你充滿著歡喜，你就創造出一個美好、喜悅和發光的世界，那是一個完全不同的世界。

英國詩人密爾頓在《失樂園》的名言：「心是居其位，只在一念間；天堂變地獄，地獄變天堂。」你要活在哪一個世界由你自己決定。

想法

你會不會太多心？

他經過你的時候臉上沒有笑容，你就開始猜想自己是否得罪他；他沒有回你電話，你懷疑他在生你的氣；門外聽到腳步聲，你又開始想，會不會有壞人，還是有鬼……

只要我們心裡產生一個想法，我們很容易就相信它，這是心智的運作方式。因為相信，我們就認定它是事實。

想像一下，在某個夜裡，你一個人待在房間，門外突然傳來聲音。你立刻察覺到，這是開門的聲音。你的感官全部動員起來，是小偷！色狼！殺人犯！你呼吸加速，你感覺心臟快跳出來。當你前去察看，才發覺原來是有東西掉落，或是某個家人晚歸。這個恐懼的時刻，真正發生什麼？

其實什麼也沒發生，但你心裡就經歷九死一生。你的心智分不清楚什麼是真實或想像。我們經常情緒不穩，心煩意亂，即是將每個進到大腦的想法都當真了。

想讓心平靜下來的方法就是先自我觀察，質疑「這是真的嗎？」

他沒打電話來——他真不守信，他根本不在乎我，他會不會把我忘了……

「這是真的嗎？」

他臉上沒有笑容——他不高興，他是衝著我來，他對我沒有好感……

「這是真的嗎？」

門外聽到聲音——會不會是小偷，是不是有壞人，會不會有鬼……

「這是真的嗎？」

想想看，如果沒有這些「虛擬」的想法，你的心是不是平靜下來？

專注你想要的

你有沒有這樣的經驗？通常只要覺得自己好像感冒了，你心裡想著：「千萬不要感冒」，往往第二天就真的感冒；在課堂上不想被老師點到名，你心裡想著：「拜託不要點到我！」怪的是老師偏偏點的就是你。

你跟某人最近鬧得不愉快，整個心情都大受影響，於是你告訴自己：「我不要再去想那個人了！」但是，整天下來最常出現你腦海的是誰？是那個人，對嗎？

人們嘗試避免的事情，正是他們會得到的事情。如果你不相信，試試這個練習：不管你做什麼，都不要去想一隻粉紅色的猴子……

怎麼樣？你剛剛是不是跟我一樣也在想一隻粉紅色的猴子？

一個失眠患者只要一到夜晚就感到焦慮，擔心另一個難熬的夜晚。然而當他愈感到焦慮就愈難入睡。

一個怕自己緊張會手忙腳亂的人，當心裡愈怕，就愈容易手忙腳亂。

我們擔心什麼，得到的也就是什麼。所以，與其嚴密防著不想要的，倒不如好好想到底自己想要的是什麼。

譬如說，如果你害怕失敗，便將注意力放在成功，想像自己已經獲得成功的感覺和喜悅；如果你害怕生病，那就想像全身上下都充滿著朝氣、活力；如果你討厭某個人，那就去想一些你喜歡人，那樣就對了！

只要你能把注意力放在一些美好或期待的人、事、物上時，那麼結果便會朝向這個方向走。

比你苦的人多的是

常聽到有人哀怨：自己生活不順，遭遇坎坷，日子難過，命好苦……，憑心而論，其實也沒你想的那麼糟。

也許你抱怨工作累人，老闆嚴苛，但有人連工作都沒有；也許你父母不常陪伴，管太多，但有人父母離異，甚至不在人世；也許你沒有漂亮的鞋子，但有人連腳都沒有。就看你跟誰比。

一位雙腿殘障的人埋怨上帝對他不公平，給了他富裕的生活和俊秀的外貌，卻沒有賜給他健全的四肢，於是到天堂來找上帝理論。

上帝為他介紹了一個朋友，這個人因車禍而死剛到天堂不久。他對殘障者說說：「珍惜吧！至少你還活著。」

又有一個官場失意的人抱怨上帝偏心，好友們個個飛黃騰達，自己年紀一大把卻還做個小職員。上帝便介紹那位雙腿殘障的人給他，殘障者說：「珍惜吧！至少你還健康。」

另一位年輕人工作很不順遂，總認為自己沒有得到賞識，於是上帝又把那位官場失意的人介紹給他，那人對年輕人說：「珍惜吧！至少你還年輕。」

作家梭羅曾有感而發：「你想逃避你的不幸，但你若知道別人承受的苦難，就不會再抱怨。」

當你為了一些病痛在自憐，去看看癌末病人是怎麼活的；當你怨養兒育女辛勞時，去聽聽那些不孕夫婦是怎麼說的；當你為臉上的青春痘煩惱時，去想想臉部燒傷的人怎麼辦？

當你多看多聽之後，自己生活中的苦就不再是苦了，因為比你苦的人多的是。

想法

LESSON **5**

挑戰

學習選擇自己的挑戰

從錯誤中學習

關於決定，人們總是舉棋不定，之所以怕決定是因為我們怕犯錯，「萬一錯了，要是結果不如預期怎麼辦？」

我算是聰明人，但我這一生一直對「做決定」這事感到苦惱：要選哪個學校？唸哪個科系？買哪間房子？要不要到國外發展？……在在都令我煩惱。

也曾想過，如果過去做的是不同決定，今天又是如何？當然，我不可能知道。唯一可確定的是，我從中學到很多教訓。

我很感激幾位親友，如果不是他們顯露真性情，我就看不透人性，學不到如何慎選交往對象。再來，如果我不曾投資失敗，就不會重新檢視自己，有能力做什麼，也不懂得理財。

常聽到人們這麼說：「如果在回到那時候，我一定不會那麼做。」聽到這種話時，我心裡就會暗想：就算回到過去，你依然會選同一條路，沒有走過那段經歷，你就不會發現。

我要強調的是，沒有所謂錯誤的決定。如果當初做不同決定，同樣會帶給我們全然不同的人生體驗。決定沒有對與錯，只有不同的決定。

人生不像考試一樣，有個標準答案在那裡分辨對錯；而是像自由發揮的繪畫，任何一筆一畫都是對的，任何時候我們畫錯了一筆，都可以多塗幾筆，讓它變成另一幅畫。

其實，不管你做什麼決定，只要從錯誤經驗中學習，錯誤也將因此變得有價值，錯也變成對的！

挑戰

不怕錯、要改過

人生就是一連串的失敗、過錯、疏失所譜成的。很少有人學東西一次就熟練、開車學一次就上路、論文寫一次就通過、拜訪一個客戶就成交、第一次射箭就正中靶心。過去的失敗是讓我們知道錯在哪裡，並修正這些錯誤。

犯錯，無疑是很寶貴的學習經驗，也是成功的必要投資。所以，犯錯並沒有錯。

勇士有時懼怕、智者有時愚拙、老師有時出糗、專家有時出錯、作家有時被退稿、辯士有時說錯話、領導人有時也會糊塗，這都是平常的事！

當年美國總統羅斯福在競選時，曾經對一個小鎮發表演說，當他提到女性應該擁有選舉權時，突然有人大笑：「這句話和你五年前所說的不是相反嗎？」

羅斯福聽了，毫不掩飾地回答：「是啊，五年前我的確有另一種想法，但是現在我已經發現那是個錯誤的主張。」

他丟臉嗎？不，認錯並不會貶損一個人的價值，反而會提升別人對他的評價。

看見別人的錯，不必苛責，從他們的錯中學習到教訓與成長。有一天你會感謝他們，是因為他們的錯，讓你知道什麼是對的。

發現自己犯錯，不必自責，沒犯過錯的人通常也是一事無成。錯誤與失敗，是通往成功最穩靠的墊腳石，利用它們，便能從中培養出成功，此時此刻的窩囊等到再一次成功的時刻看來都是美麗的。只要你願意認錯，勇於改過。

我能做什麼？

大部份人在面對困境和麻煩時，都習慣問自己這類的問題：「為什麼我會那麼倒楣？」「為什麼我老是犯錯？」「為什麼別人會這樣對我？」……這些以「為什麼」開頭的問句，常會導致消極、沮喪，使情況更糟。

道理很簡單，當我們問「為什麼」時，注意的焦點即放在問題上，整個思想都繞著問題在打轉，這麼一來，不但把問題放大，同時也會阻礙我們解決問題的能力。

問自己哪裡錯了，而不是怎樣才能做對，等於是把注意放在錯的地方，而非對的地方，這樣的結果又怎麼可能變好呢？

錯誤的問題不可能帶來正確的答案。如果你問自己一個笨問題，像是「為什麼我會碰上這種事？」「為什麼我會那麼衰？為什麼是我？」就會得到一堆蠢答案，比方「因為你能力太差」「因為你運氣不好」「因為你好欺負、因為你蠢」……那只會讓你更挫敗。

一個聰明、有智慧的人，他們會換個方式問問題，比方他們會用「怎麼？」和「什麼？」來問自己，「要怎麼做才能改善現況？」「要怎麼做結果才會更好？」或是「我應該做什麼，才能轉變情勢？」這麼一問，很快就能讓你找到方向，讓你振作起來。

「為什麼」常讓我們陷入黑暗，「做什麼」卻能為我們帶到光明。

所以，**與其追問「為什麼」，不如反問我們現在能「做什麼」。**

挑戰

戰勝自己

常有讀者寫信給我，述說自己的煩惱。有些人說：「我的個性不好，要怎麼改善？」有些人多年來一直陷溺在心靈的黑暗深處：自卑、害羞、恐懼、孤寂、憤恨、沮喪、任人左右……；還有些人面對人生挫敗，生活中或人際關係上的種種問題，無所適從。

其實，這些問題都源自一個關鍵——內心不夠強大。

《老子》第三十三章說：「勝人者有力，自勝者強」。

這句話的重點在於「自勝者強」。因為力量是相對的，你有智力、財力、權力、體力、武力，你能勝過別人，然而一旦出現更強、更有力的人，勝就轉為敗。

至於自己的弱點，諸如暴躁、懦弱、欲望、自憐、沒耐心等，如果能痛下決心，加以克服，如此就再沒有任何人事物能影響你，才是強者的表現。

一個真正的強者不是把煩擾我們的人打敗，而是打敗自己的弱點。所以，改變必須從自己內心開始。印度聖雄甘地完全了解這一點，他說：

「我只有三個敵人。

我最喜歡的敵人是容易受影響而改善的大英帝國。

第二個敵人是印度子民，他們甚難改變。

但最難對付的對手是名叫甘地的人，對於他，我似乎只有非常微小的影響力。」

人的一生，最大的與最艱苦的戰爭，都是與自己的戰鬥。古往今來，有多少英雄豪傑能戰勝自己的對手，卻不能戰勝自己的種種弱點而最終毀敗在自己的手裡。

所有都是好事

這世上所發生的任何事都是好事，一切只會變得更好。

這是真的，我知道一般人很難相信。如果有人剛遭到挫敗，或受到傷害，失去所愛，一定會認為這根本是胡扯，當然更不會相信這是什麼好事。

在課堂上，當我這麼說，學生們也曾提出各種質疑。「我期中考很爛，我跟男友分手，我家遭小偷，我最近生病被送急診……這難道也是好事？」

是的，這都是好事。期中考很爛，總比大考很爛好，對嗎？

跟男友分手，很好。那就表示你不愛他，或是他不愛你，兩個不相愛的人能分手，不是好事嗎？

家裡遭小偷，也是好事。我敢說至少你以後會特別注意家中安全，而且也會少買太貴重的東西，對嗎？

那病倒呢？這難道也是好事？沒錯，這樣你才會開始注意身體健康，改變飲食或作息，說不定還會開始運動……如果你沒病倒的話，也許你永遠不會這麼做。

好處還不只這些。如果病得夠嚴重，你可能因此改變人生觀，對生活和工作態度也會不同，一切只會把你帶往更好的方向。對任何你經歷過的倒楣事件，也是同樣的道理。

每一個逆境都有一份祝福，每一個災難都帶來一份禮物。就像《天地一沙鷗》作者李察・巴哈說的：「沒有一件麻煩它沒有連附一份禮物給你。」

挑戰

挫折是人生存摺

一位同事平常總是給人一種盛氣凌人的感覺，周遭的人對她都敬而遠之。一天她出了大車禍，幾個月後一瘸一拐地上班來了，她感謝大家在她生病時對她的關心，從此對同事的態度也轉了一百八十度。

人生的許多體悟都是從苦難而來。因為病痛，我們學會體諒；從別人的痛苦，我們發現了悲憫；在挫敗中，我們學到謙卑，也讓我們對他人的困難和錯誤更有同情心。

《鑽石途徑》作者阿瑪斯（A. H. Almaas）曾說了一則女學生照顧一位臨終老婦人的事。

這名女學生每個禮拜都和他碰一次面。她每次都會向他哭訴那位住院老婦人有多痛苦，她的一生都活在悲苦中。最後老婦人過世時，這名學生哭得比從前更嚴重，並且開始對上帝感到憤怒。她問道：「這一切又有什麼意義？」

「這是很好的問題，而答案也很有趣。」阿瑪斯說：「那位老婦人讓這名學生認識了慈悲是什麼。因為結識她，學生的心打開了，她從中體驗到從未有過的慈悲。而透過這名學生，老婦人也體認到了什麼是慈悲。」

表面上看來，悲傷似乎是讓我們受傷，可是，悲傷在我們心中切割得愈深，從中便能滋長出更多的耐心、同情和愛。**生命的每一道傷口，其實是通往人生另一個出口。**

苦難不是人生的挫折，而是人生的存摺。

恐懼是自己嚇自己

大多數人都會感到害怕：怕黑、怕鬼、怕水、怕狗、怕蛇、怕丟臉、怕失敗……有無數的恐懼。想要免於恐懼就必須了解什麼是恐懼。

如果有人在地板上放一塊木板，要你在上面走，每個人都可以輕鬆辦到。但是若把同樣的木板架在兩座高樓間，要你在上面走，這時你的呼吸便會變得很急速，雙腳顫抖不已，這便是恐懼。

恐懼其實什麼都不是，它只是心靈製造出來的東西。

神經語言程式學，創始人之一理察·班德勒記述過一個案例：

一個對蛇驚慌的九歲小孩在穀倉裡玩耍，抓起一把稻草時也握住了一條蛇。男孩的恐懼很強烈，在意外後有十個月沒能好好闔眼睡覺。我與男孩會面時問他，他認為現在蛇在那裡？然後代替男孩回答：「可能在牠自己的洞裡吧！當蛇媽媽問牠為什麼不再去穀倉裡玩，牠告訴她，因為有個男孩曾經用力抓起了牠，還對牠大叫一聲，然後把牠丟下去……。」這男孩認為這件事很可笑，兩個人就一起對那蛇的愚蠢笑了。

這個饒富深意的「笑話」，在看待恐懼的問題上，為我們提供新觀點「到底是誰嚇誰呢？」大部分恐懼都是自己嚇自己。

現在想想你害怕的事物，看看它們當中有多少是沒有道理的。問自己，如果不讓懼怕阻止你的腳步，你會採取什麼行動？想像一下，當你克服恐懼，你的人生會有什麼不同？

試試看，每天做一點自己害怕的事，讓你每一天都比昨天勇敢。

挑戰

勇於面對

有一天，有人問一位登山專家：「如果我們在半山腰突然遇到大雨，應該怎麼辦？」

登山專家說：「你應該向山頂走。」

他覺得很奇怪，不禁問道：「為什麼不往山下跑？山頂風雨不是更大嗎？」

「往山頂走，固然風雨可能會更大，它卻不足以威脅你的生命。至於向山下跑，看來風雨小些，似乎比較安全，但卻可能遇到山洪暴發而被活活淹死。」

登山專家嚴肅地說：「對於風雨，逃避它，你只有被捲入洪流；迎向他，你卻可以化險為夷。」

他的話實在值得深思。我們躲避我們害怕的事，因為我們認為如果面對它們會有悲慘的結果。但是，真正悲慘的結果是來自於我們逃避必須面對的事。

面對人生無法接受或害怕的事情時，多數人都選擇逃避。逃得掉，的確可以暫時不必直接面對痛苦。但問題是能逃多久？你終究還是要面對。因為即使你逃離了，原來的問題依舊在原地等著你，不是嗎？

不要弄個紙袋子套在頭上，那沒有用的。自己的問題只有自己最清楚，如果不面對它，也沒有人能幫你，你可以向別人訴苦，但是，問題還是依舊。無論如何都請如實地面對吧！

迎風向前，是唯一的方法。想要解決你目前的問題，就要勇敢地面對，下決心面對，如同站在浪頭，才能夠乘風破浪。

挑戰

命運是自己造就的

有一個人向智慧大師抱怨自己的命運，「我的命真差。」

「是你造成自己的命運。」大師說。

「怎麼說呢？生在這種家庭難道是我造成的嗎？」那人說：「如果我不是現在的父母所生，如果我是生長在另外的家庭，我的命運絕對會不同。」

大師回答：「如果你生在另外的家庭，你將經歷不同的命運，將變成完全不同的另外一個人，在那種情況下，你將不再是『現在的你』。既然你已經不是你，你又怎麼能以『我的命運』來說呢？」

命運不是絕對的，雖然過去會影響現在，但請記住，**無論過去是好是**

壞，過去並不等於現在，更不等於未來。

有一個罪犯因作奸姦犯科，而被法官判處了死刑。

罪犯聽到判決後，大聲喊冤，並氣憤地怒吼：「我不服氣，這太不公平了，我從小是個被人遺棄的孤兒，在貧民窟裡長大，老師、同學都瞧不起我，沒有人願意接納我，才逼得我走上絕路！」

法官聽了，要罪犯靜下來，抬起頭來看看他，然後以平穩的口吻說：「我也是在貧民窟中長大的。」

我們不能總怪罪自己命不好，說自己時運不濟，因為不管怎麼樣的情況下，都有人做得差，也有人做得好；不管什麼樣的環境，都有人過的幸福，也有人過得不幸。所以，問題並不在命運本身，而是決定在人。

挑戰

別找藉口

在讀者文摘的珠璣集內，曾看到這樣的一句智慧哲語：「理論上，土蜂不能飛，牠自己不知道，卻飛得高高興興！」

這句短短的哲語，帶給我極大的啟發，每當我想為自己屈服於現況找理由時，就讓我想起無視於「理論」的土蜂，勇往直前。

多數人都喜歡找藉口，「我沒時間」「我沒錢」「我沒自信」「我身體不舒服」……。因為藉口可以讓自己不用太自責，藉口可以讓自己不用面對現實，然而當藉口成了習慣，我們便永遠在原地打轉，走不出自己的人生。

想想這些人吧！舉世聞名《伊索寓言》的作者伊索，他是個受盡壓迫凌虐的古希臘奴隸。魯登斯坦的母親當女侍，父親是獄警，可是他卻能當上世界一流學府——哈佛大學的校長。有個叫李察．巴哈的，找過十八家出版社出書，都被打回票。但他仍不放棄，最後書終於出成了，這本書名是《天地一沙鷗》。

你知道嗎？財星五百大公司的總裁中，有一半若不是出身中下階層，就是貧困家庭。著名的物理學家霍金罹患「漸凍症」，全身癱瘓，但他仍對世界做出偉大的貢獻，成為世界十大傑出的物理學家。而貝多芬則是全聾之後創造出不朽的音樂；世界上三位偉大的史詩詩人荷馬、但丁以及密爾頓，全都是盲人。

有句話說得好：「你若不想做，會找到一個藉口；你若想做，會找到一個方法。」別再找藉口，找出方法吧！

LESSON **6**

習慣

學習選擇自己的習慣

看好自己的舌頭

什麼是謠言？就是未經可靠來源證實的訊息。更明白的說，如果你說出去的話或傳遞的訊息未求證過，其實就是在散布謠言。

相信或多或少許多人都當過主角，被傳過謠言。你或許感到莫名其妙，也許會覺得很受傷，因為那是子虛烏有，就算有些是真的，也不是自己想透露的事，感覺總是不舒服。更糟的是，當口耳相傳，添油加醋事實早已失真了。

「來說是非者，就是是非人。」你看到什麼和聽到什麼，固然不由你；但你要說什麼，可就完全操之在你了。倘若你的好奇心實在太重，想了解真相，建議你直接找當事人問清楚，但要記住「看好自己的舌頭」。

古希臘哲學家蘇格拉底說過：「別聽信搬弄是非者的話，因為他不會出自善意，他既會揭發別人的隱私，當然也會同樣待你。」

你的言語無時不在顯示你的人格，**沒有求證就不要亂說。因為你永遠不知道，在背後說的話會不會傳到當事人的耳朵。**試想，如果有一天反過來換你被中傷，你會有什麼感想？

文學家魯迅說過：「最高的輕篾是無言，有時連眼珠也不轉一轉。」謠言既是無中生有、口說無憑，如果你道聽塗說，那是失德；如果你很在意，那是失智。聰明的你，知道該怎麼做了吧！

惡習的奴隸

有個學生，每次見到同學抽菸就會躲得遠遠的，因為他知道抽菸有害身體健康，而且被學校發現會被記過處分。

有一次，他與同學一起出遊時，幾個同學又在抽菸，其中一個人邀他一起抽，他拒絕了。那位同學就說：「吸一口就好了嘛！吸一口又不會死人。」他經不住同學的一再慫恿，就吸了一口，結果嗆得一把眼淚一把鼻涕的。事後他想：香菸這麼難抽，怎麼還有那麼多人在抽菸呢？

幾天之後，那一位同學又叫他抽菸，他回答說：「菸很嗆，我不敢抽。」同學就說：「第二次抽，就不會那麼嗆了。」他半信半疑地吸了一口，結果雖然還是很嗆，可是已經好多了。這樣經過一段時間之後，他也抽起菸來了——習慣成自然。

柏拉圖曾告誡一個放蕩的青年說：「一種習慣養成後，就再也無法改變過來。」

那個青年回答：「逢場作戲有什麼關係呢？」

柏拉圖立刻正色說道：「不然，一件事一經嘗試，就會逐漸成為習慣，那就不是小事啦！」

沒錯，像說髒話、發脾氣、找藉口、吃零食、喝飲料、彎腰駝背、抽菸吸毒等等，在開始時，都是不經意的，但等到我們覺察自己有這種壞習慣時，大多早已根深柢固。這就是習慣的可怕。

我們自以為崇尚自由，但是當我們成了習慣，然後上癮，到那時反而無自由可言，因為我們已經成為惡習的奴隸。

習慣

效法你欣賞的人

教育家與心理學家多年來證實，學習的最佳方法是扮演我們所欣賞的人。

我探索過無數成功人士的故事，在此，我可以把心得告訴大家：成功絕非偶然。也許不同領域的成功人士各有其目標和策略，但如果你進一步了解，就會發現，無論他們是高材生、傑出人士、企業領袖還是明星，他們都有一些相同的特質。想獲致成功，最好的做法就是仔細觀察那些成功者，研究出他們奉行的準則，然後，身體力行。

從你欣賞的同學、老師、書本和文章中讀到的傑出人士，找出幾位做你的模範。仔細解析他們的成功原因。你是否欣賞他們的某種想法，相信那就是他們致勝關鍵？他們在處理問題時，是否展現出某種態度？當然，你也可以直接仿效他們。

有人家庭美滿，你可以效法他們的相處之道；有人樂觀積極，你可以學習他們的態度；當你面對某種挑戰而不知所措時，你也可以學習他們，問自己，「如果換作他，他會如何應付呢？」

我有位朋友就運用了這項技巧。在遇到公司的決策問題，他就問：「假如是總經理，他會如何決定？」若是涉及情緒或情感上的問題，他就在心裡問一位他所景仰的智者：「在這種情況下，師父會怎麼做？」

這招果然神奇，不僅幫他解決許多煩惱，並讓他在混亂的時刻保持平靜。

只要你能一直效法那個模範的思考、感受及行為方式，那麼遲早也會成為像他那樣的人。

習慣

沒有用的話就別說

我堅信極少批評是建設性的。

我認為，批評這個字本身就是個負面字眼。如果你對某人說：「你很差、你很遜、你白痴！」你認為他會變好嗎？不，永遠不會！因你對他的人格、自信，都直接的給予打擊，他不但不會改變，而且還可能向你反擊。因為你已傷了他的自尊。

現在，換個方式試試。當有人犯錯時，改以同理心說：「你一定覺得很挫折吧！」「沒關係，下次小心點。」有人遭遇困難時，告訴他們：「你能辦到！」「我支持你，我相信你一定能愈來愈好。」聽到不利的流言，告訴朋友說：「我知道你不是那種人。」多去讚美勝利者，「真的很不簡單，我以你為榮。」「這件事做得太好了，你真是個天才！」想想看，一個人在何種情況下比較可能受到感召？是感覺被你批判，還是受到你的鼓勵？

世上沒有幾件事比積極的鼓勵更有力量，一個微笑、一句讚美、一個充滿激勵的話，更能鼓舞一個人。

你難道都沒發現嗎？當有人稱讚你的時候，你會表現得特別好，為什麼？因為那人覺得你很好，而你又不想讓他們失望，對不對？當你對別人讚美時也一樣。

所以，下回在你批評以前，請多想一下：「這對任何人有幫助嗎？說出來有什麼好處？可以改善目前的情況嗎？可以強化我們的關係嗎？」沒有用的話，又何必說呢？

習慣

做好事

「我這麼做有什麼好處？」每次聽到有人這麼問時，我總會回答：「去做好事本身就是最大的好處，還要什麼好處？」

當你去做好事時，是否感覺到某種喜悅、成就感及某種意義？你會覺得很滿足於你所做的事，有一種深深的滿足，對嗎？當你在生氣、怒氣沖沖、批評某人、讓別人受傷害時，你曾經感覺到那種滿足嗎？當你患得患失，跟人斤斤計較時，你曾經在心中感覺到一種喜悅、成就感嗎？不，那是不可能的。

佛典中，有一則故事說：有一獼猴手上抓了一大把豆子，就在牠開開心心捧著豆子要回家時，一不留神，一顆豆子就這樣滾在地面上。為了撿這顆豆子，獼猴馬上把手中剩下的豆子放在路邊，打算把遺落的豆子找回來，誰知怎麼找也找不到。等到牠回過頭要拿原本放置在路邊的豆子時，豆子早被麻雀吃得一顆不剩。

獼猴怔住了，但後來又眉開眼笑，「嗯，沒想到我掉一粒豆子，卻把我那些麻雀朋友全餵飽了，這也算是好事一件啊！」

這就是「做好事」的好處，你永遠不會感到後悔或有任何遺憾。

給得起，能夠給，代表你有能力，擁有的也會愈來愈多。做好事最大的受益者是自己，因為你從別人身上看到自己的價值。

坐而言，不如起而行

我上課時，經常會跟學生開玩笑說，你們用在球鞋、袋子、衣服和日常用品上的「尼龍絨釦」（也就是俗稱魔鬼沾），其實是我發明的。

我說的是真的，我的確曾有過這個主意。小時後我住鄉下，家裡有個果園，每到農忙時期幾個孩子都會上山去幫忙，由於山區雜草叢生，所以褲子上總會沾上許多小刺子，我覺得很好奇，就拿放大鏡來看，發現那些芒刺上都有小鉤，會鉤住布料纖維上的環。當時我就在想，如果有人能依照這個原理，製造一種能把纖維鉤住的東西，那一定會有很多用途。這個想法在我的腦子裡曾出現多次……一直到瑞士有一個名叫喬治·德梅斯特拉的人真的把這個主意付諸實踐。

習慣

這「本來」是我的主意，但是我相信這世界上跟我一樣有過這個主意的人，加起來至少可以坐滿好幾台拖車，由於我們都沒有採取行動，所以一切都只是空想而已。

說一個故事：有一次，有一個小的「0」字在路上遇到了一個大的「0」，他們聊了起來。

大的「0」高傲的說：「你真是不長進，長得那麼小，我比你至少大個十倍。」

小的「0」說：「你再大又有什麼用呢？還不是跟我一樣等於零。」

你也許有很好的想法，很棒的點子和夢想，但除非你真正去做，否則什麼也不會發生。樂觀而沒有積極的行動來配合，就只是自欺欺人，自我陶醉。切記，坐而言，不如起而行。

你為何起床？

「你今天為何起床？」每當我問學生這問題時，大多數會以不可置信的眼光看著我，好像我有毛病似的，所以，我都會再重覆問一次：「你今天為何起床？」

「沒辦法，要上課啊！」每當聽到這類回答，我總忍不住問：「那是不是不用上課，也就不用起床了？」

有太多人渴望亮麗的人生，卻在日上三竿還賴床不起。他們從來不問：「自己人生要的是什麼？要如何實現？」

我想起女兒上回準備期末考，有點意興闌珊，「為什麼我想讀書卻讀不下？」她問。

「妳對這次考試有什麼期待嗎？」我反問她。

「嗯，我希望不要退步！」

「這就難怪了，」我說：「因為妳沒有更高的目標，當然無法激起更多的熱情。」

現在就把你的目標寫下來。用「現在式」。例如，「我的目標是：體重少三公斤，下次考試能進步。」你可以把這目標改成：「我現在的體重少了三公斤，我這次考前三名。」先假設你已經實現這個目標，這樣可以更加激勵。

接著，每天把己達成目標的情況「視覺化」。每次你一想到它，腦海裡就出現畫面，你不只看到自己已實現願望，而且還聽到周遭所有人對你讚賞，看到他們敬佩的眼神，感覺到你內心興奮雀躍。一旦你真正體驗到那種滿足感，你自然精力充沛，變得神采飛揚，每天醒來都迫不及待跳下床。

為自己而做

你有過不知為何而做？為誰而做的經驗？

我想許多人應該都有。之所以如此，那是因為我們都忘了：「為自己的快樂而做。」

今天你捐一千元出去，你會感到快樂。如果你被偷走一千元，同樣是失去一千元，你卻不快樂。為什麼？

你請朋友吃飯，你會感到開心，如果你是勉強的，同樣是一餐，你卻不開心。為什麼？

因為不是出於自己快樂做的事，就不會開心。

以前住的社區，有幾個媽媽決定做環保義工，每天幫社區垃圾分類。

這原本是件好事。但是，時間一久，認真參與就對不來參加的人，或不認真的人感到不滿，甚至對沒做好分類的人感到憤怒。這就是沒搞清楚，她們忘了到底為誰而做。

許多人做事都不是為自己而做，是做給人家看，若是做給人家看就會想獲得別人肯定，希望別人感激，一旦期待落空，就會覺得犧牲委屈。

這道理我常提醒進入職場的學生。如果你認為「我為老闆工作」就會期待得到加薪和晉升，怨懟不滿也由此而生。而「為自己做」則完全不同，「這能增加我的經驗，建立更多人脈，提升解決問題能力。」自然積極盡心，勇於承擔。

上課讀書也一樣，如果你認為是「為父母，為老師」，就會意興闌珊，心不甘、情不願。而「為自己做」是自己想要的，才會有動力，有進取心，當然也毫無怨言。

習慣

不去想就不存在

若仔細觀察，便會發現，我們心念隨時變化。比方放學回家你想起老師交待「寫報告」，突然想到今天有個好看的節目，於是又去開電視，接著爸爸說要去餐廳吃飯，於是你想著要穿什麼衣服，這時早已忘了「寫報告」。

一個想法出現，在我們的意識中逗留片刻，就會消失不見，前一刻的念頭這一刻已不見，昨天的問題今天已不是問題，回頭看幾天前的煩惱，你可能還會覺得好笑，再過幾天，你可能都忘記它的存在。所有的情緒，也都會隨著時間不停地起變化。

當我們為自己感到難過的時候，會陷入一種自憐的情緒中，認為這個世界是多麼跟我們過不去。然而，如果我們能暫時跳開自己的觀點，想法和情緒立刻有所改變。

試試這個實驗吧：暫時停止閱讀，去想一件你常擔心煩擾的事，想到了嗎？很好，現在你可以自問一個有趣的問題：在你「去想它」之前，這個問題何在呢？只因為你沒有去想，它就不存在。換句話說，即使你真的有煩擾的事，也不必一再去想，明白嗎？

我們可以在非洲草原瞪羚的行為中清楚看到，當豺狼開始追逐牠們時，恐懼驅趕牠們拚命地奔跑，一旦某隻瞪羚被追住了，其他瞪羚馬上若無其事地開始吃草，彷彿什麼事都沒有發生過一樣。

下回，當情緒低落的時候，想想那些動物，應該會很有幫助。

學會拒絕

「不」這個字恐怕是我們生活中最重要，也最難以啟齒的字彙。

你是否會因為怕得罪人，而接受不想做的差事，答應別人無理的要求？怕不夠義氣，冒著風險為朋友兩肋插刀？怕違逆別人好意，只好勉為其難去赴約，參加無聊的聚會……。

說「不」有什麼難的？你可能會覺得訝異。沒錯，說「不」不難，真正讓我說不出口的是怕拒絕別人的熱情和好意，怕拒絕會失去朋友或關係生變。

其實這得看你想要的是什麼樣的朋友或關係。想想，如果你拒絕就做不成朋友，那是真的朋友嗎？你想繼續這種關係嗎？

我的經驗是：**如果你忠於自己的感覺，真正的朋友會一直都在。同樣的，如果你放棄自己的感覺，那虛假的朋友也會一直都在。**

曾看到一個報導，有一個年輕人很講義氣。有一天，他的一位朋友，這個朋友是一個流氓，說是與一些幫派份子有些麻煩，要這個年輕人出馬相挺，幫他助助威風。他本來就不想去，知道這樣的事不是什麼好事，可是「朋友」既然請他去，他也不好拒絕，於是就去了。去了以後，情況一下子就失控，雙方打起來了，結果他無端地被捲進這場廝殺，並且送了性命。

實話實說，不想就不想，任何你不想的事，Just Say No，就是說不，同時也接受別人對你說不。如果大家都懂得互相尊重，事情不就簡單多了嗎？

少說一句

如果你問爭吵的人，衝突是如何發生的：「是『他』先開始的！」然後，繼續往下聽下去，通常也會聽到：「但是我會這樣做是因為他……」接下去是：「可是我會那麼說是因為他……」這種雞生蛋、蛋生雞的爭論往往是沒完沒了的。

聽聽下面對話——

兒子問：「戰爭是怎麼發生的？」

媽媽：「是雙方意見不合而起的，就像我和你爸爸。」

爸爸在旁插嘴說：「亂說，我才沒有。」

媽媽：「有就有，幹嘛死不承認？」

爸爸：「你要說說你自己就好了，別扯到我身上。」

媽媽：「我不過是隨便舉個例子，你需要這麼生氣嗎？」

爸爸：「妳再瞎扯，小心我對妳不客氣。」

媽媽：「哼！死不承認。」

爸爸：「妳，妳有種再說一次！」說著舉起拳頭，咬牙切齒。

兒子：「媽媽！戰爭是怎麼發生的，我明白了。」

光是一隻手是無法拍出聲音的，要拍手的話需要兩隻手，表面上看來兩隻手是互相對立，其實它們是共同合作。沒錯，**除非你的合作，否則一個巴掌永遠也拍不響。**

所謂，是非只為多開口，煩惱皆因強出頭。「吵」這個字，「口」和「少」的合併，即是告訴大家，少說一句，正是解決吵架、爭辯的最好方法。

習慣

LESSON 7

本質

學習選擇自己的本質

這就是我

每個人一出生都被賦予不同的特色，不同外貌，天賦才能、性格特質。許多人之所以不快樂，是因為他們不喜歡自己，總是拿自己與別人比較，希望他們不是現在這個樣子。

「如果我的個性像他一樣……」

「如果我的皮膚和她一樣……」

「要是我能再高一點，腿再細一點，頭髮不再毛躁分叉就好。」

人最大的煩惱是，不願如實的接納自己，常以厭惡的心態來看待或跟自己嘔氣，這樣又怎麼可能快樂？

只要想想一隻蜻蜓，牠發神經想成為蝴蝶，結果會怎麼樣？牠一定非常挫折，牠一定對自己非常不滿，蜻蜓無法變成蝴蝶，正如別人不可能成為你，你也不可能成為別人，因為做一個不是自己的人，永遠都不可能做好，即使做好那也不是自己了。

你看很多明星外貌其實也不怎麼樣，為什麼能展現獨特風采？因為他們真正接受自己。這並不代表他們不在乎自己的外表，相反地，他們很清楚自己的缺陷，但依然十分自在，甚至還大方地談論。一旦能展現自信，平庸的容貌也變得出眾，缺陷反成了個人品牌的特色。

每個生命的誕生，都是與眾不同；每一個人的樣子，都有自己的特色。快樂就是來自一種對不完美的認同。**如果你能以目前的樣子來接納自己，欣賞自己，自然就會流露出最美的特質。**

沒錯，這就是我！獨一無二。

不要跟人比

你是否發現，我們每天都會碰到一些事情，這些事會悄悄奪走我們的自尊。拿起一本雜誌，你就會看到，有些人看起來比你漂亮、比你穿得講究。看看你身邊，總有人比你聰明、比你有才華，家境比你好。事實上，不管你是誰，擁有什麼，有多少能力，總有人在某方面勝過你。只要你去跟人比，就或多或少會有自卑感。

有位讀者寫信問：我覺得自己笨，我有一些朋友，他們口齒伶俐，反應快。我要如何跟他們一樣？

我說：問題不在你是否像別人一樣聰明機智，重要的是有許多事情是別人擅長，而你不擅長。

拿寫作來說，我很羨慕小說家，我朋友寫的小說還被拍成電影，我當然希望自己能像他一樣，但我必須對自己誠實，他的書不是我會寫的類型。但這不代表我就不該寫。

想想，難道你必須先知道你的畫會是「最美」的畫，你才能拿起畫筆開始作畫？難道它不能只是另一幅畫，或是另一種美的表達嗎？

同樣的，我們每個人都有自己獨特的天賦，某人可以擅長繪畫，另一人可以是運動，也可以是口才好。我們應該向內探索，了解自己是什麼，而不是別人會什麼。

俄國作家契夫比喻得妙：「有大狗，也有小狗。小狗不該因為大狗的存在而心慌意亂。所有的狗都應當叫，就讓牠們各自用自己的聲音叫好了。」不去跟人比，就不可能自卑。

本質

做自己，好自在

怎麼樣才能自在？很簡單，就是當別人都不在。

當你單獨一個人在家裡，你可以哼歌、扭腰擺臀、攤在床上，幾乎每個人都可以，但是如果有別人在場，你就無法如此，甚至連說話都有困難。你會透過別人眼睛看，你會用別人的想法來評斷，你會開始顧慮……

多年前，作家艾迪初次到紐約，馬克吐溫請他吃飯，陪客有三十幾個，都是當時的顯貴。吃飯的時候，艾迪愈想愈害怕。

「你哪裡不舒服嗎？」馬克吐溫問。

「我怕得要死，」艾迪說：「我知道他們會要我演講，我擔心萬一講得不好，他們會怎麼想。」

「艾迪，」馬克吐溫告訴他，「只要記住一點，你就不會害怕了——他們並不指望你有什麼驚人的言論！」

據說，從此以後，他站起來講話，一直沒害怕過。

為什麼？因為忘了別人的存在。

你看到一朵花，你覺得它很美，但從它的角度而言，它並沒差別，那只是你一廂情願的感覺。它只是做自己，若你不喜歡或討厭它，它並不會受到影響，那是你的事，與它無關。

一朵玫瑰需要贏得你的肯定嗎？一隻蝴蝶需要獲得你的喜愛嗎？

不，玫瑰沒做任何事來贏得肯定，蝴蝶也不刻意迎合大家喜愛，人們自然喜愛——**不管別人喜歡也好，不喜歡也罷，依然做自己，你就自由自在。**

本質

看見自己的價值

說來真的很可悲，從小的時候，我們從不認為自己是有價值的，很多人只有在自己是一個贏家、得到成功或被別人肯定時，才覺得自己有價值，然而當失去了這些，也就失去自我的價值。

人們喜歡累積物品、購買名牌，為什麼？因為一旦擁有這些東西，會讓人感覺自我價值獲得提升。但是反過來看，想得到某件物品時，真實透露出自己欠缺某些價值，亦即沒有這件物品會覺得不如人。

人們自卑、自大、憤怒、受傷也是因自我價值低落。喜歡自誇自傲的人，往往怕人看不起；老愛批評誹謗的人，通常也很自卑。他們認為，自我價值只有在他人不如自己時，才覺得高人一等。

在內心深處對自己沒自信的人，會對他人懷有敵意；而且會對他人微不足道的批評和評價過於敏感。人所以生氣是因為不知道生氣的本質，當你知道別人生氣是起於沒看到自己價值時，你不會跟著他起舞。有時候我們做不到，那是因為我們自己也欠缺價值所致。

你是有價值的，因為你本來就有價值。就像蘋果不會因為有人不愛吃，或改吃其他水果就變得沒價值；也不會因為包裝盒不夠精緻，就變得不再香甜。當你看見自己的價值，不論你高矮胖瘦，不論你擁有多少東西，不論別人怎麼評價你，是否喜愛你，你的價值都不受影響。因為你本來就有價值。

本質

在意別人的眼光

也許你對兩星期前大庭廣眾下失態至今仍難以釋懷；也許你不小心摔了一跤、路上認錯了人；理髮師把你的頭髮毀了，讓你羞於見人。搞不好這些事都發生過，但那又怎麼樣？

其實這都是生活中的一個小插曲而已，有誰沒有出糗過？大家在哈哈一笑之後，就早已經拋諸腦後了，你還耿耿於懷，那是因為對自己太在意了。

很在意自己的人，常在意別人的眼光，不管做什麼事總想：「不知別人會怎麼說？會怎麼想？」甚至舉手投足都擔心：「不知別人會怎麼看？」

記得女兒有次遲到不想進學校，「好糗！我怕大家會盯著我看。」

「妳以為自己是英國王妃啊？」我笑說：「放心吧！妳同學都會各忙各的事，沒有人會盯著妳看的。」吃晚餐時，我問起早上遲到的事，她想了想才驚訝地說：「真的耶，班上好像沒有人注意到我。」

別人並沒有注意你，他們在意的也是自己，認清了這一點，也許你就能放下心中的包袱，讓自己輕鬆些。

你可以試看看，當你的同學遲到，或是做出很糗的舉動，你會怎麼想？你現在還會放在心上嗎？如果你的答案是「不會」，那就是你「想太多」了。

我也是經過了不少時間，才領悟到這點。太在意別人眼光，或很容易受別人影響，就會過得很辛苦。全世界有那麼多人，要在意永遠也在意不完。

本質

你無法讓所有人滿意

常有人會有這樣的感慨和迷惑：為什麼有的人不喜歡我？為何有人對我不滿？

其實，只要有人的地方就有是非；只要有嘴巴，就會有意見和批評，你不可能讓所有人都滿意，這是大家首先要有的認知。想要被每個人喜愛、希望大家都能認同你，不但吃力不討好，到頭來，你可能失去真正的自我。

年輕時我很害羞，無法在大眾面前演講或發表意見，這也連帶影響我的表現。我的教授發現我的問題，他告訴我，「讓別人喜歡你或對你滿意不是你的工作，你只要分享訊息就好。」他對我說了一句永難忘懷的話：「你的工作就是將石頭丟入水中。你不需要負責產生多少或多大的漣漪。」

之後，他的話語就一直與我同在。當我感受到試圖去滿足他人；或因自己的期待而產生壓力時，我就會想到這個比喻。

別人的看法是沒有標準的。不管你做什麼，同樣的你，有人喜歡，有人不滿。當你留長頭髮的時候，有人說「短髮適合你的臉型！」當你剪了短髮，又有人說「還是長髮好看！」有時你做少了，人家會說偷懶；做多了，又會說你愛現。你不可能讓所有人都滿意。

「走自己的路，讓別人去說吧！」記住義大利詩人但丁的這句名言。嘴巴是別人的，人生是自己的，何必活在別人嘴裡？

本質

做人難

做人很難，是因為要顧慮別人的想法。

好人難做，是做了自己認為對的事，但別人卻不爽快。

要想兩者兼得更是難上加難。

俗語講：「世上難事千千萬，最難還是做人難。」

做人難，就難在這「人」原不是自己要做，也不是為自己做，而是為別人做的。這就難辦。因為你不知道別人怎麼想，你也管不了別人怎麼想，每個人的想法都不同，一不小心便可能落入「順了姑意，逆了嫂意」或者是「討好了土地，得罪了灶神」的窘境。

那該怎麼做？學習一件最基本的事：做你自己。做任何你認為「對的事」，永遠不要迎合別人，那是一種乞討的行為，一個人為什麼要看人臉色？為什麼要一味討好別人？

有一次孔子的學生問他：「如果全村的人都很喜歡這個人，你覺得這個人怎樣呢？」

「這還不夠好。」孔子回答。

「如果全村的人都不喜歡這個人，你覺得這個人怎樣呢？」

「這還不十分壞。」孔子回答，並解釋道：「不如村子裏的好人都喜歡他，壞人都不喜歡他。」

我完全同意。**我們要去做對的事，不要當濫好人。別人認為你如何，那是別人的看法，那並不重要，如果你確信自己是對的，又何必擔心別人會怎麼想？**

美國詩人哲學家愛默生（Emerson）曾提出這樣的疑問：「為什麼我們的幸福要取決於別人腦袋的想法？」

既然好人難做，為什麼不做自己就好！

本質

流行是什麼？

如果你在街上看到大部分的人都是同樣的髮型，這髮型即是潮流，為了讓自己不落伍，許多人就會開始理一樣的髮型，這就是流行。

然而流行既是潮流，有它的新鮮度在，所以隨著時間久了，它就會退流行，然後又會有新的潮流，之後人們又展開追求，如此重複循環著。

追求流行，讓人覺得你是個時髦的人，勇於表現自我，可以滿足心理上的成就感；但是換另一個角度來看，卻是虛榮心作崇，許多人為了讓自己不會與流行脫節，必須投入大量時間、精力、金錢，結果反而讓流行控制了自己，迷失了自我。

俄國著名文學評論家赫爾辛，年輕時在一次餐會上被那些粗俗的音樂吵得厭煩透了，不覺用手捂住耳朵。

主人見狀，忙解釋：「這音樂可是目前最流行的歌曲。」

赫爾辛反問一句：「流行音樂就一定高尚嗎？」

主人聽了，非常不服氣地回道：「不高尚的東西又怎麼能夠流行？」

赫爾辛笑了笑說：「根據你的觀點，那麼流行感冒也是高尚的囉？」

人們追求流行，表現自我，卻沒有想過，流行其實是最不自由，失去自我的。流行讓所有人成為同一個模樣，反而失去了每個人最獨特的自己。失去個人風格，再怎麼潮炫，始終還是別人的影子。

再者，**今天的流行，必將成為明天的落伍，只有不追求流行，才永遠不會退流行。**

本質

拒絕不是斷絕

一個人一生中能認識的人太多，而時間又太少；想做的事很多，但真正能做的卻很少；所以對許多人和事就必須有所割捨。

有幾個朋友都在打高爾夫球，我也嘗試過幾次，但卻激不起熱情，不久我發現自己很怕被邀去打球。

「如果你沒興趣，為什麼不拒絕。」太太問。

「因為大家都是好友……獨缺我一人，不好吧？」我說。

「但是，像這樣勉強答應，打得又不開心，不是更不好嗎？」太太說。

是啊，打球原本是愉悅的事，現在反而成了負擔，何必呢？

人很怕因拒絕而傷了彼此的感情，但真正的情誼會因你的拒絕就破壞嗎？真正的朋友會因為你說「不」，就不是朋友嗎？

當然不會，拒絕又不是斷絕。一個真正的朋友會尊重你、支持你。不管你拒絕什麼，如果有人因為你很真實的說出你的難處還為難你，這種人就太自私了，那你真的想委屈自己配合這種人嗎？擁有不多但接受你的朋友，比結交一大堆你必須滿足他們期待的「朋友」，要強得多。

反過來，當有人拒絕你，不幫你、不挺你、沒照你的意思去做的時候，也不要認為他們是「背叛」了你。試想，如果他們完全都照你的意思，不就背叛自己了嗎？

所以，做你自己吧，也讓別人做他自己。當大家都坦誠相見，不但不會失去朋友，反而會發現誰才是真正的朋友。

自我形象

大多數人都建立起一種自我概念，並相信那就是自己。例如：「我很聰明」「我很體貼」「我是懦弱的」「我沒用」「我很沒耐心」「我面對人群時容易緊張」「我這個人就是這樣」……不管你在「我」的後面加了什麼，這成了你的自我形象。

如果你的自我形象是：「我很沒耐心」，那麼你做事情多半龍頭蛇尾，只有三分鐘熱度，你會說：「沒辦法，我本來就沒什麼耐心」；如果你認為自己是懦弱的人，就會表現的唯唯諾諾、怕東怕西；如果你相信「我很沒用」，那麼你就不斷地證明自己一無是處。

這形象怎麼來？是我們年幼的時候開始建立起來的，也許是因為曾經遭遇某些成功或失敗，也許是因為曾被讚美或被誰責罵過，當我們相信「那就是我」，往後的一言一行就深受影響。

事實上，自我形象既是自己建構出來，當然也可以改變。現在拿出一張小卡片，將喜歡的自我形象寫下來。舉例如下：

自信、聰明、風趣、漂亮，有內涵、有能力、有愛心，或是很勇敢、守信用……將這張卡片放在桌前、放在口袋裡。時時提醒自己。

記得有位女明星受訪時，她說：「當妳是一個明星，人們就會把聰明、漂亮、多才多藝等字眼加在妳身上。然後，妳就真的變成他們眼中的那個樣子。」形象就是這樣建立的，沒錯！**你將自己想成什麼樣子，就會變成那個樣子。**

本質

只有夠強才能弱

一般人常認為強與弱是相對的——柔軟是懦弱，強硬是堅強，這是一直以來人們的誤解。所以當人怕被看成弱者，就會變得強硬。

你是否觀察過，所有柔軟的生物都被某種堅硬的東西所覆蓋，舉凡蝸牛、貝殼、蝦蟹……內在柔軟的東西都有堅硬的殼。人也一樣，內心脆弱的人常會故作堅強，自卑的人反而變得自負。

人們很怕被人看扁，因而只要覺得自己比較卑微的時候，就會去貶低別人。那是一種補償的心理。把自己凌駕他人之上，可以感覺比人優越，然而為什麼要感覺優越？是自卑，對嗎？

人為什麼愛發脾氣？也是自卑。生氣可以掩飾無能，只要發火，誰敢惹你？只要用力拍桌子，誰敢懷疑你的「能力」？那就是為什麼許多人寧可生氣也不願認錯。因為認錯需要勇氣，必須有自信的人才可能拉下臉。

自尊是面子，自信是裡子。低自尊的人看似高傲自大，其實裡子空虛，非常脆弱。愈自卑的人愈愛面子，也愈會虛張聲勢。

想想看，一個有自信的人，需要向別人證明什麼嗎？不，如果你是太陽，你根本不需要多點蠟燭來增加光亮。

一個真正有力量的人，需要表現強硬嗎？當然不用。水看似柔弱，卻可穿透堅硬的石頭，事實上，世界上最溫柔的人也就是最強的，如耶穌、佛陀、甘地、林肯……。只有夠強的人才能弱。

本質

LESSON 8

幸福

學習選擇自己的幸福

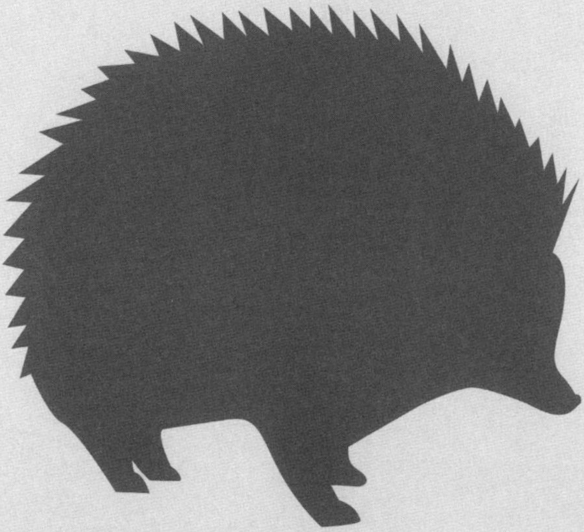

富有其實不難

如果你有一桶水，你可以用來泡茶、刷牙、洗臉、澆花；但你不可能又要洗車，又想泡湯，甚至灌溉整座花園，那是不可能夠用的。

今天許多人之所以匱乏、覺得錢不夠用，都認為是因為錢太少，這其實只答對一半，真正的原因是自己的欲求太多。

你是否曾觀察過，你的欲望是怎來的？你看到某人背著一個很漂亮的包包，那包包是今年最新的款式，你心裡的欲求就產生，然後你就想買同樣的包包；當廣告說，某個保養品可以讓你美白，你也想試試；你的同學換了新手機，你又開始心動。你的欲望就是這麼來的。

別人有什麼，你也想要，於是金錢會變得很重要。然而當我們愈是把錢當作追求的目標，一旦無法達成，我們就愈覺得匱乏，愈容易對現況不滿。

我在年輕時，也曾過得很「匱乏」，因為我一直以為，富有就是要有錢，這樣才可以買到所有想要的東西。

直到我領悟到：**富有與錢無關，關鍵要看「你有些什麼樣的欲求」。**比方說，如果我們堅持東西都要用名牌，吃最高檔的餐廳，那麼我們很能會覺得自己窮困。如果我們硬要追求自己負擔不起的東西，那只會讓自己變得匱乏。

反過來，如果我們認定的富有，是看在自己所擁有的資產，像「美滿的家庭」「健康的身體」「體貼的朋友」……要變得「富有」其實不難。

的確，**沒有一個滿足的人是窮困的，也沒有一個不滿足的人是富有的，就看你的欲求了。**

快樂取決於自己

快樂從何而來？林肯說：「樂由心生」。

我們都知道，如果突然聽到家人生病的消息，即使出國旅遊也會憂心忡忡。但是如果知道辛苦培養的孩子考上第一志願，一家人即使住在貨櫃屋裡也會興高采烈。快樂，不是因為你擁有什麼，而是因為你的內心感覺到什麼。

快樂也不是某人帶給你的。你應該見過受父母疼愛，卻自怨自艾的人。有人從小失去父愛或母愛，卻仍樂觀積極。

快樂跟收入有關嗎？有些人很有錢，卻滿足不了自己的欲望，而有些人沒什麼錢卻很滿足。生活豐衣足食，生命不見得平安喜樂；平安喜樂的人，生活不見得豐衣足食。

其實，快樂和不快樂，都是自己決定的。如果你認為得到某樣東西，比如買到機車就會快樂，其實並不是機車使你快樂，而是「快樂的決定」讓你快樂，因為並不是有機車的人都快樂，對嗎？

美國作家羅傑斯說：「大部分人在下定決心快樂的剎那，就是他感到最快樂的時候。」

我完全同意。**快樂是你自己決定要快樂起來的結果，僅此而已，就這麼簡單。**快樂的人即使有時也會遇到挫折和問題，但他們仍舊能保持愉快的心情。

所以，不要把責任推卸。所有外面那些，都不能真的讓你不快樂。只要你決定要快樂，沒有人能夠奪走它。所有外在發生的任何事，都只是一件由你來定義的事，不會真的有能力奪走你的快樂。

學會欣賞

你買最漂亮的衣服，自己卻看不到，衣服穿在別人身上，你才能欣賞。對面的房子比你的美，沒什麼好羨慕，因為你只要打開門窗就能欣賞，住在那房子裡面的人反而看不到。

人們花了錢、花了時間去擁有，卻還不見得真的享受，然而只要你懂得欣賞，就能享受。

百貨公司的珠寶鑽石你買不起，也沒關係，你一樣可以欣賞啊！有專人會幫你保管，而且樣式應有盡有，又不用擔心被偷被搶，那不是很好嗎？為什麼非要「占有」不可？

占有不如享有。我聽說有個富翁向智慧大師炫耀他的寶石。他拿著寶石在大師面前晃啊晃：「看出來了嗎？這寶石可是價值連城。」

大師說：「你真好，願意給我。」

富翁急著說：「我有說要給你嗎？」

大師回答：「你不是已經給我看了，那就算是給我了啦！寶石除了看看以外，還有什麼作用呢？」

哲學家艾伯特．胡巴特說得好：「我寧可有能力欣賞我無法擁有的東西，也不願擁有我沒有能力欣賞的東西。」

重要的是學會欣賞，而不是要占為己有。不管你擁有什麼，除非你懂得欣賞，否則得到了又有什麼用？

反之，如果你真的懂得欣賞，又何必非得占有呢？

有什麼，就享受什麼

假如人家給你一杯香草冰淇淋，而事實上你喜歡的是巧克力口味，你會因為口味不如你希望的那樣而生悶氣？還是趁冰淇淋沒融化前，快樂享受？

我們常說：「一切隨緣！」隨緣是什麼？「隨」是隨順、接受，「緣」是已存在的事實。簡單說，就是接受事物現在的樣子，而非你希望的樣子。明白這一點非常重要。因為世事總是無法盡如人意，想活得快樂就要學會凡事隨緣，「有什麼，就享受什麼」。

曾參加一個必須外宿的研討會，其中一個學員對分配到的房間很不滿，「這床太硬了，浴室太小；我在角落看見一隻蜘蛛，噢，不要，我恨蜘蛛。」

她覺得很受不了。

我告訴她：「我知道有許多需要改善的地方，而妳是否要一直等到房間都翻修好或環境都潔淨無瑕才會定下來？」

我們無須事事順心才能快樂。不管面對什麼處境，既來之，則安之；不管發生什麼事，只要順其自然，則隨遇而安。

前陣子學弟買房子，門牌是十四號四樓之四，他問我會介意四樓的房子嗎？

「隨緣就好！」我說：「有的人反而喜歡四樓，『事事如意！』」

他又問：「那十四號呢？」

我說：「十四就是『一』『四』，就是『一世』。你就想：『一輩子事事如意！』不是很好嗎？」

不管生命給予什麼，都能找出屬於自己的享受方式，這即是整個生活的藝術。

克服不幸的第一步

遭遇不幸時，要怎麼面對？

先去接受，接受事實是克服不幸的第一步。

這似乎很難？

不接受只會更糟。想想，如果我是個盲人，我也接受這個事實，就不會一天到晚抗爭，想要重見光明。反之，如果不願接受這事實，那會怎麼樣？我的抗拒必然帶來掙扎，不願接受只會帶來更多痛苦，對嗎？

有個病人因車禍引起肢體損傷，當他得知自己可能面臨截肢，心情變得極度不安；「可能失去右腿的可怕想法一直盤踞在我腦海，讓我充滿恐懼與憤怒。」

我告訴他：「如果你一定要截肢，那就注定要截肢。不管你怎麼想，或是拒絕談論，都無法改變事情的結果。」

後來他慢慢接受整個情況：「如果我失去我的腳，將來會是怎樣？」當他知道自己將度過難關，他會裝上義肢，繼續活下去。他開始接受了，心情也平靜下來。

著名的舞蹈家安妮絲．迪米莉有一次為了鼓舞因為體能限制而抱怨的舞者，她說道：「你有什麼樣的身體，就用什麼樣的身體跳舞。」如同天生沒有四肢的力克．胡哲，他能騎馬、衝浪、潛水、跳傘、踢足球、溜滑板，甚至打高爾夫球，樣樣皆能。他擁有兩個大學學位，並造訪四十多國，進行超過兩千場演講，激勵數百萬人心。

人生的幸福快樂，並非仰賴人生際遇的順遂，而在於是否能以豁達的心，坦然接受一切。沒錯，**你有什麼樣的生命，就用什麼樣的生命過活。**

感受幸福

曾有人問我：「幸福的標準是什麼？」我說：「是自我感覺吧！」因為除了你之外，還有誰能替你去衡量？誰能替你感受？

連續劇每天上演著幸福華麗的生活，商品廣告中也不斷傳遞著「買了它，就能感到幸福」的訊息，常讓人產生一種錯覺：如果我們有足夠的錢，我們就會幸福。以為幸福是外求的，這反而阻礙了幸福。

幸福不是在你擁有什麼，而是如何看你所擁有的。如果你想不透這個道理，不妨看看報章雜誌，為什麼那些有錢、有名的人，總是跟離婚、憂鬱、吸毒或自殺扯上關係。因為幸福不是在外在，而是內在的感受。

感受就像是「1」，假如你將0放在「1」後面，那麼你便有「10」，如果你將另一個0放在那個「1」後面，你便有「100」。你在「1」之後所放的每個0都是好的；若是沒感受到，你在「1」之後放再多的0也沒什麼意義。

要感受幸福，首先，你必須有感受的能力。一位作家朋友告訴我：

「對我而言，幸福就是為日常每一瞬間的奇蹟而歡欣鼓舞，從早茶與麥片、伏案寫稿、到每天傍晚與太太一起騎單車。幸福不在遠方，它就在晨間綻放的花朵中，與朋友共進午餐，與孩子讀床邊故事的那個當下，窩在床上讀一本好書的午夜時分。」

是啊！**幸福隨處可得。當我們一邊騎著單車，一邊欣賞美景，這就是幸福，而不是騎著單車，還在想著幸福在哪裡。**

不要只想到自己

天地如此遼闊，為什麼人心總悶悶不樂？因為心胸不開闊。

為什麼不開闊？因為只想到自己。

人最關心的永遠是自己。如果你仔細地看，就會發現我們在每一件所做、所說及所想事情背後，都是為了自己。「我會得到或失去什麼？這對我好嗎？我要怎樣才能得到更多好處？」當你想到自己，就會跟人比較、計較，心又如何開闊？

「人不為己，天誅地滅」這是人的天性。生物本能就是要保護好自己，否則生存就會受到威脅。但是問題也出在這裡，當你「只想到自己」，那別人呢，你還有多餘的心力去關心別人嗎？

所以，每當有人問到：「如何讓心胸開闊？如何不凡事斤斤計較？如何減少人際衝突？如何慈善待人，寬容忍讓？」我的回答都一樣：「多替別人想。」這是最快速有效的辦法。因為只要有「我」就有「你」，那對立就永遠存在。如果「我」不消失，「你」就不可能消失，那個衝突、爭鬥、對抗也就沒完沒了。

你如何分辨自己心是敞開的，還是關閉的？很簡單。你關心其他人嗎？還是你只關心自己？

當你只想到自己就會變得封閉。你會陷在你的挫折、煩惱、焦慮、憤怒、抑鬱、妒嫉、痛苦和愛恨情愁裡面。你愈想到自己，心胸就愈狹隘。

當你忘了自己，你注意過嗎？不論何時，當你感到快樂、喜悅、幸福時，你是沒有自我的。你愈忘了自己，心胸就愈開闊。

期望終歸是期望

「農場比我想的簡陋，餐點又少，天哪！還有那些人群，就像菜市場，真是讓我大失所望。」孩子畢旅回來抱怨連連。

「怎麼回事？」我問：「上回去露營，住宿環境簡陋，餐點也不多，人群更像菜市場，也沒聽你抱怨！」

是因為期望太高，對嗎？**不快樂，就是期望和實際之間的落差。**

你滿心期待說：「我要去旅遊、我要大家都喜歡我、我要有自己的手機、我要得到第一名、我要買那雙鞋子……」這些都是我們所期望的事，你可以寫一張清單，但是當清單上的事沒有實現，你會有什麼感覺？當期待落空了，你心中會起什麼變化？

你就會感到挫折、失望、惱怒、失落，對嗎？

因此，任何時候當你覺得失望受挫，別忘了問自己：這個痛苦是怎麼來的？是不是因為我的期待造成的？這個期望是誰訂的？這個失望的人又是誰？

如果你曾靜下來想過，你就會明白怎麼回事——原來這都是自己創造的。

擁有期望並沒有什麼不好。有時候，它是我們內在需求與願望的線索；有時候，因為我們持續不懈的期待，使我們獲得更美好的結果。但是我們必須弄清楚，那期望是我們的，我們不該把自己期待放在別人身上。

其次，我們還必須明白：期望終歸是期望。如同莎士比亞說的：「期待是常常落空的，它一般是最確切的一面。」明瞭嗎？

幸福

欠缺感恩的心

聽到許多人埋怨，哀嘆生活中的一些芝麻小事。

仔細思考，覺得這些人實在不了解生活中能夠發生這些小問題是多麼幸福的事，我們應該慶幸於自己擁有這些問題才對。

簡言之，我們對自己所擁有的一切，缺乏一份感恩。

很多人怨工作苦，賺錢難，卻很少想過，若不是這樣，別人早就取而代之。有人嘆身體衰老，臉上布滿皺紋，可能沒想過，有些人根本沒有這麼長的生命去經歷這些。有人怪父母太嘮叨。或許沒想過，如果哪一天見不到你的親人，聽不到他們的嘮叨，是否會有一種失落？

癌症中心舉辦活動，一位癌症媽媽接受訪問，她最大的願望即是自己能站起來走路，跟家人一起遊山玩水。還有一位失去視力的病人則說：「若有朝一日讓我恢復，那將是上蒼最大的恩賜。」

看得見，能走路，這不是很理所當然的事嗎？但你可知道，在我們周遭有多少人，最大的心願，只不過是乞求上天，讓他們有一天能看得見或站起來，有的人甚至能多活幾天就覺得很感激。

有句歌詞這麼說：「你不知道自己擁有什麼東西，直到你失去了它。」無疑，在失去之前，我們很少會意識到。下回當你又開始怨東怨西，不妨想想，是否有此可能：**你經常抱怨的問題可能不是因為有什麼不幸的事，而是因為一切都很好——你只欠缺感恩的心。**

LESSON 9

人生

學習選擇自己的人生

其實一切都在

暑假上合歡山，可惜天公不作美，連續的鋒面使得天氣時陰時晴。剛才還是藍天白雲，須臾間雲霧襲來，壯闊的景致消失得無影無蹤。正感到失望，沒想到忽然雲開霧散，撥雲見日，從松雪樓遠眺屏風山，奇萊北峰，清晰地呈現在眼前。

這出乎意料的景象轉變，在眨眼間澈底改變了我的視野。但是更妙的是，改變的部分其實很少；山巒景致還是一樣，只是雲霧散去，僅此而已。我覺得這很像人生，有時看似愁雲慘霧，轉眼即海闊天空。

想起一則故事：有個男子生意失敗，又和妻子離婚。他始終無法擺脫心中的沮喪，便到山中某間禪寺小住。

這間禪寺風景清幽，四周被竹林環繞，遠望能見群山峻嶺。儘管如此，但男子住了一陣子，煩惱仍如影隨形。

某天夜晚，山區起了大霧。一位禪師對他說：「你到外面看看，告訴我你看見什麼。」

男子到外頭轉了一圈，回到禪寺後，禪師問他：「你有看到竹林與山巔嗎？」

「沒有，太黑了，我什麼都看不到。」男子說：「所以什麼都沒有嗎？」禪師再次問。

「是的。」男子答。

禪師微笑地說：「不，不是什麼都沒有。外頭有竹林及群山……其實一切都在。」男子聽了恍然大悟。

是啊！**其實一切都在。在最困難的時候，你能不能堅持下去，相信希望？**

回到此刻

你是否看過鴿子走路的樣子？牠走路時，頭會傾前，停住，然後頭往後，再停住，看起來有點滑稽，那是因為鴿子在移動時，牠的眼睛無法對焦距，所以牠在每一步之間，必須讓自己的頭完全停住，才能再次對焦。只有那樣走，牠才能看清楚前面的方向。

其實，人也一樣常會「失焦」。我們經常在過去、未來之間游移不定。有人對過去的遭遇憤恨難平，或是後悔曾經做錯了某個決定；有人則擔心未來事情的變化，憂慮將來要做什麼，這都是沒有聚焦。

要讓失焦的生活變專注，我們需要在每一步之間，暫停一會，然後再重新對焦。怎麼做呢？譬如，你發現自己為過去的事懊悔：「為什麼我要答應他？明知道自己還有許多事沒做。」立刻停止，回到此時此刻。

發現自己陷入對未來的煩憂，譬如：「下星期的考試，不知能否順利？」立刻停止，回到此時此刻。

你可以隨時用「此刻」這兩個字提醒自己，專注在每個當下所做的事，「此刻，我正在讀書……，此刻，我正在散步……，此刻，我正在上課……，此刻，我正在吃飯……。」

就像禪師說的：如果在吃飯，就專心吃飯，如果在走路，就專心走路……不要再去想別的事。

是的，回到此刻，專注在每個當下所做的事，才能做好每一件事。

先點亮自己

大多數人都認為生命的運作順序是：擁有—成為。也就是說，你必須先「擁有」某東西才能「成為」你所想成為的你。

例如，要先擁有愛，才願意付出愛；要先擁有能力，才付出努力；先有足夠的錢，才去做善事；先擁有某些東西，才成為快樂的人。

但這樣做卻是本末倒置。若沒擁有想要的東西，我們就不快樂；若沒有足夠的錢，就不去做善事；若沒有擁有能力，我們就不去努力；若沒有得到愛，我們就不可能愛人。

其實，正確的作法應該把順序反過來：成為—擁有。你不必去尋求、不需要擁有、不必等待某些東西或某件事發生，而是直接從成為快樂、成為滿足、成為美好開始，直接從日常生活中活出你想要的。

如果你說自己是快樂的，那麼你就是快樂的；如果你說自己是滿足的，那麼你就是滿足的；因為除了你之外，還有誰能去衡量這些東西？

你渴望被欣賞，自己就可以滿足這個需求，不必靠別人的認同。你要先感受自己的美好，不是因為比別人好，而是因為你表現出美好的特質。

想經營人際關係，不如讓接觸到你的每一人都感受到友善，自然會建立起友誼。想要獲得溫暖，就先點亮自己，你將發現最先被照亮的，就是自己。

我書桌上有一張小卡片，上面寫著聖雄甘地的話：「**自己做那個你想在世上看到的改變。**」我把這張卡放在桌上時時提醒自己，也與大家共勉。

人生

你引發出什麼？

人的一半是天使，一半是魔鬼。天使在人心中，魔鬼也在人心中。再善的人，也有一點惡；再惡的人，也有一點善；善惡都在人心中。

你跟某人在一起，經常笑逐顏開，變得誠懇、友善、謙虛、感恩、正直，那是因為你們引發彼此心中的善；而如果經常惡言相向，變得粗暴、無禮、憤怒、煩躁、邪惡，那就是引發了心中的惡。

引發心中的善，就是跟天使做朋友；引發的是心中的惡，就是跟魔鬼打交道。

你應該聽過有些人遇到某個人或跟某個人交往之後，好像變成另一個人，那其實不是變另一個人，而是內在的善或惡被引發出來。

所以，當你跟某人交往，你可以觀察一下，自己是愈變愈好呢？還是愈來愈糟？你也可以看看，**那個跟你交往的人，是愈來愈良善呢？還是愈來愈惡劣？如果是後者，那你就要檢討了。**

「你引發出什麼？」這是我們經常要反躬自省的。人們常會互相指著對方「你變了，你跟以前完全不一樣」，但是他們為什麼變成這樣？你想過嗎？

試想，如果你一直用批評或言辭攻擊的方式，又怎麼可能跟天使做朋友？

人生

有人因你幸福嗎？

從學生時期就開始搭公車，看過各式各樣的司機，有的服務態度惡劣，開車猛起步急煞車，飆車搶快，過站不停，出言不遜，還與乘客對罵；有的司機心情平和，乘客人上車說：「請扶好！」到站時說：「〇〇站到了！」下車時說：「謝謝！」面對這種敬業司機，下車時，我都會說一聲：「謝謝！辛苦了。」

我要說的是：我們每一個人都具有影響力，事實上，不論你知不知道或喜不喜歡，只要與其他人有任何互動關係，你都在影響每個見到你、感受到你或聽到你的人。因此問題不在你能不能發揮影響力，而是在於要發揮哪一種影響？

有位重症病人在得知自己病情惡化，回到病房後並沒有大哭，她竟然跟病友談笑風生。

病房的護士問她說：「這種情況下，妳怎麼還笑得出來？」她說：「微笑是我唯一能夠給予的東西了。」

別小看自己的影響力。你的一抹微笑，可以讓人如沐春風；你一句誠摯的感激，可能讓人一輩子銘記在心；你分享出美好事物，那份美好才能夠在這個世上散播開來。

我聽說有個「笑話司機」，因為只要遇上塞車或發現乘客情緒低落，他就會主動在車上講笑話帶動氣氛。不少搭過車的乘客，還主動寫信向客運稱讚，甚至還有人專程要搭車聽笑話。

想想看，在別人的生命中，你對別人造成什麼影響？有人因你而幸福嗎？

人生

歸零思考

「如果人生能夠重來，我會……」常聽到許多人說：假如能夠重來，我會多如何如何，也聽過很多人在追悔「如果當初，我就……」只是生命僅此一遭，人生並不會因我們的扼腕、感嘆而重新來過。所以，在人生的每一個階段，我們都應該重新歸零。

什麼是歸零？就是回到原點思考問題。問自己：

如果時間可以倒流，我最想做的是什麼？

如果人生可以重新來過，我的選擇（或決定）會不同嗎？

如果能夠回到一開始，我會怎麼做？

如果你正懷疑自己是否繼續學某個才藝，你要問自己：「如果可以重新來過，我會選擇這個才藝嗎？」假如你還是會，那麼恭喜你，因為你正從事你喜愛的事。

在交友上你可以這樣問自己：「如果可以重新選擇朋友，我會跟誰交往？」「如果可以重新開始，我還會選擇跟他（她）在一起嗎？」這可以幫你了解，誰才是值得你交往的對象。

在課業上你要問自己：「如果讓我重考一次，我會怎麼用功？怎麼準備？」然後照著去做，你的成績就會不斷進步。

在你的家庭和生活問題上，問自己：「如果我早知今天這種結果，能夠重頭再來，我會怎麼決定？」「如果我下回遇到同樣的問題，我要怎麼做？」

就像電腦出問題時，通常關機重新啟動後就恢復正常。我們也應該隨時保持歸零思考，再重新出發。

相信有好事發生

你可曾注意過，不幸降臨在失意者身上的機率，似乎多於成功者的機率？優秀的學生和成功的人總是可以比表現不佳的人遇到更多好事？是否發現那些愈可愛的人往往愈多人愛？好運常會降臨在那些已經有很好運氣的人身上，而不幸卻經常降臨在已經飽受折磨的人身上？

這是命運，還是自己造成的？

我一直相信人的信念很重要，你期待的是什麼，得到的就是什麼。如果你一直懷著正面想法，你的生命就往正面的方向前進；如果你的想法總偏向負面思考，那麼你也會過一個消極的人生。

覺得自己很不幸的人，很難有好運，因為就算有好事發生，也會懷疑：

「我不相信有這種好事。」當有人對你好，你卻說：「對方是有什麼陰謀？」這樣就把人推開了。而那人真的離開，你就更確定自己的懷疑：「我就知道他是虛情假意。」

有些人習慣說：「我運氣很背。」「絕對不會有好結果。」這類的話。朋友，你知道嗎？這些負面信念就是在轉動人生的方向盤，使我們駛向不同方向。那些悲觀的人特別容易出意外，沮喪的人周遭發生更多讓人難過的事，倒楣的人接連遇到更多倒楣事，原因即在此。

想改運，首先就要先改變你的信念。你必須先相信會有好事發生，然後，好事才會降臨。**好命並不是「天注定」，而是「你的決定」。**

人生

態度決定一切

每回主持研討會或教育訓練課程，我常問一個很基本的問題：「你是以什麼樣的態度來參加？」問畢，通常大家一臉茫然，有人還會轉頭看別人的反應。顯示多數人對態度的自覺和認知程度並不高。

英文有句話是這樣：「How you do anything is how you do everything.」（你做一件事的態度就是你做每件事的態度。）

重要的不在於我們做什麼，而是我們做的狀態為何。不管是鋪床、做家事，或是寫報告、當服務生，重要的是我們是以什麼樣的態度做這些事。

我常去一家小館用餐，地方不大，菜色不多，但店員親切服務又好；另有位外國來的同學，學習的態度非常好，所有提問我都樂於解答；再說前些日子，到銀行辦事，受理人員可能是新手，對業務不甚瞭解，又修改又刪除，又是打電話求救，前前後後忙了近半小時才搞定。最後我跟他道謝：「辛苦了！」因為他始終面帶微笑，還不斷向我道歉，讓我感受到他的誠懇和敬業。

美國西點軍校的名言：「態度決定一切。」就是這個意思。我相信，你也曾碰過類似的人。他們表現怠慢懶散，死氣沉沉，人生彷彿烏雲罩頂。對生命態度消極悲觀，讓人退避三舍。

對於能力你只能盡力，對於態度你卻能決定。**或許事情無法改變，你卻可以轉變面對的心情。或許你無法改變你的長相與體型，卻可以改變你的表情與姿態。**你用什麼態度去面對生活，就會有什麼樣的人生。

人生

你想成為什麼樣的人？

法國哲學家尚—保羅．沙特（Jean–Paul Sartre）曾經說，所謂的人，就是他自己想成為的樣子。

你想成為什麼樣的人？這問題你想過嗎？

你可以拿出一張小卡片，上頭寫著：「我想成為這樣一個人」，然後將你希望成為什麼人物寫下來。舉例如下：自信、真誠、謙恭、健康、風趣、孝順、有禮貌、有能力、有愛心，或是熱情開朗、信守諾言、值得信賴……。

一旦設定好目標，重要的是問自己這句話：「為了成為這樣的人，我必須是什麼樣子？」

前陣子，有人在背後說了些莫須有的事，造成同事對我的誤解，當我得知後原本也很氣，想還以顏色，後來我問自己：「我想成為怎樣的人？」「我是受害的人？」這感覺很無能，也不符合我的本性；「我是報復的人？」這感覺格局太小。於是我試試「我是有氣度的人」，對，我喜歡這樣的我。

所以，接下來我要問的則是：「為了成為這樣的人，我必須是什麼樣子？」

「我是有氣度的人」當然，我不再去想報復的事，心情也因此平靜下來。於是我又為自己增加了「我是慈善的人」的意象，我不但向同事解釋道歉，還對傳話的人表示謝意。沒想到，事情有了很大變化，現在我和他們不但成了朋友，而且他們還推舉我籌備新院。

我發現我愈是清楚自己想要成為什麼樣的人，愈清楚該做什麼樣的事。

我能貢獻什麼？

我們在生活中需要經常向自己發問：「我給別人帶來的意義到底是什麼？」這也是我在課堂上常給學生的提問。

年輕時，我曾問一位學長當初怎麼會選擇當重症外科醫師。「有時，我也會懷疑自己為何要去做。」他告訴我：「然而，當我看到性命垂危的病人被我救活，那時我就知道自己的工作是值得的。」

雖然外科醫生壓力大，但從病人身上得到的回饋也特別多，透過自己的專業，讓病人恢復健康，得到尊敬，這就是意義。

也曾有位老闆問我，「當初為什麼想寫書？」

我說：「就跟你一樣，你想產生較好的產品，我想產生較好的人。」

人要有「利他的目標」。人人都希望感覺到自己是個「有用」的人。每個人內心深處都希望自己對世界有所貢獻，被他人所需要。微軟第一位華人總裁李開復說：「一個人的成功，最重要的就是有影響力，能夠幫助自己、幫助家庭、幫助國家、幫助世界、幫助後人，能夠讓他們的日子過得更好，為他們帶來幸福和快樂。」

所以，不要專注於自己的狹小世界中關心自己：「這對我有什麼好處？」或者「我可以獲得什麼？」。我們應該反過來問自己，「我能貢獻什麼？」當你這麼問，心胸將愈來愈開朗，世界也變得開闊，不是嗎？

記住，除非你能夠對人有所意義，否則你的生命將微不足道。

人生

高寶書版集團
gobooks.com.tw

HL 068
青春，就該勇敢選擇：何權峰給學生9種轉變人生的抉擇能力
作　　者　何權峰
主　　編　吳珮旻
編　　輯　賴芯葳
校　　對　蕭季瑄
美術編輯　林政嘉
內頁排版　趙小芳
企　　畫　荊晟庭

發 行 人　朱凱蕾
出　　版　英屬維京群島商高寶國際有限公司台灣分公司
　　　　　Global Group Holdings, Ltd.
地　　址　台北市內湖區洲子街 88 號 3 樓
網　　址　gobooks.com.tw
電　　話　(02) 27992788
電　　郵　readers@gobooks.com.tw（讀者服務部）
　　　　　pr@gobooks.com.tw（公關諮詢部）
傳　　真　出版部 (02) 27990909　行銷部 (02) 27993088
郵政劃撥　19394552
戶　　名　英屬維京群島商高寶國際有限公司台灣分公司
發　　行　希代多媒體書版股份有限公司 /Printed in Taiwan
初版日期：2017 年 10 月

國家圖書館出版品預行編目 (CIP) 資料

青春，就該勇敢選擇：何權峰給學生 9 種轉變人生的抉擇能力 / 何權峰著 .
-- 初版 . -- 臺北市 : 高寶國際出版 :
希代多媒體發行 , 2017.10
面；　公分 . -- (生活勵志 ; HL068)

ISBN 978-986-361-452-4(平裝)

1. 修身　2. 生活指導

177.2　　106016475